Luka et la sagesse du Vieux Chêne

- Le nouveau sentier -

Les illustrations de cet ouvrage ont été générées à l'aide d'outils d'intelligence artificielle, puis retravaillées, adaptées et intégrées par l'auteure afin de servir l'univers artistique de l'œuvre.

Titre : *Le nouveau sentier*
Série : *Luka et la sagesse du vieux chêne – Tome 1*
Édition : Créations Bloom&Rise

Texte et direction artistique : Emma Dominique
Première édition – mars 2026
ISBN : 978-2-9824691-0-5
Dépôt légal – Bibliothèque et Archives nationales du Québec, 2026
Publié au Canada

Il existe des sentiers que l’on ne découvre qu’en osant quitter le chemin connu...

\- Luka

Table des matières

Quelques mots avant d'entrer dans l'aventure 9
Chapitre 1 - Tumulte du matin et papillon 11
Chapitre 2 - La cabane des souvenirs 19
Chapitre 3 - Les trésors cachés 25
Chapitre 4 - Une sortie spectaculaire 31
Chapitre 5 - Ce que la rivière emporte 37
Chapitre 6 - Le sentier de la plume 43
Chapitre 7 - Des noix à partager 47
Chapitre 8 - La vallée aux roches moussues 53
Chapitre 9 - Défi pour sauver les petits 63
Chapitre 10 - Une découverte étonnante 71
Chapitre 11 - La rencontre du Vieux Chêne 77
Chapitre 12 - Une discussion hors de l'ordinaire 83
Chapitre 13 - Le souvenir du lac silencieux 91
Chapitre 14 - Le festin secret de la forêt 95
Chapitre 15 - Goûter de sagesse 103
Chapitre 16 - L'équilibre des choses 109
Chapitre 17 - Une averse pas comme les autres 117
Chapitre 18 - Les signes de la vie 123
Chapitre 19 - Petits voleurs de la forêt 131
Chapitre 20 - Le cadeau du Vieux Chêne 135
Chapitre 21 - Sur le chemin du retour 139
Chapitre 22 -Le carnet du soir 145
Merci d'avoir marché un bout de chemin avec Luka 151
Message symbolique de Nilmer aux lecteurs 153
Murmures de la forêt 155
Une chanson, une graine semée 157
Note au lecteur 159
Proposition – Parents / Écoles 161

Quelques mots avant d'entrer dans l'aventure

Quand j'étais enfant, une chanson a semé en moi une graine qui n'a jamais cessé de grandir : celle d'un arbre et d'un enfant, liés par une sagesse intemporelle. Des années plus tard, cette graine est devenue un univers : l'histoire de Luka, de sa famille, de la forêt et du Vieux Chêne.

Là où la chanson portait la voix du désespoir d'un enfant impuissant, Luka transmet le pouvoir du cœur conscient. Cette histoire est un espace pour se déposer, écouter, sentir et s'émerveiller du monde qui nous habite et qui nous entoure.

À travers ce récit, j'ai aussi voulu offrir aux enfants d'aujourd'hui (et à l'enfant intérieur de chacun d'entre nous) un chemin de retour vers soi, vers la nature, vers l'harmonie. Pas un chemin parfait. Mais un chemin vrai.

Je ne me considère pas comme une autrice au sens traditionnel. Mon plus grand talent n'est pas nécessairement de manier les mots avec aisance, mais de créer des univers, d'imaginer des personnages, de donner naissance à des symboles porteurs de sens. Je me vois davantage comme une créatrice : celle qui porte une vision, des messages, et qui souhaite les transmettre.

Pour donner vie à cette vision, j'ai choisi de collaborer avec un outil de l'intelligence artificielle. Il m'a accompagnée dans l'écriture, non pas pour créer à ma place, mais pour m'aider à mettre en mots ce que je portais en moi.

Les personnages, les idées, les messages, la vision, l'humour et la sensibilité sont les miens. Cet outil a été un pinceau supplémentaire, un compagnon de plume qui a rendu le texte plus fluide et plus accessible.

J'ai choisi la transparence parce qu'elle fait partie de l'authenticité de ce projet et de qui je suis. Ce livre n'est pas là pour prouver mes compétences d'écrivaine. Il est là pour toucher, émerveiller, susciter la curiosité, éveiller, semer des graines de conscience et de connexion chez celles et ceux qui le liront.

Si Luka et le Vieux Chêne trouvent une place dans ton cœur, si leurs aventures te parlent, t'inspirent, te réconfortent, t'apaisent ou t'amènent à regarder autrement, alors j'aurai accompli ma mission.

Puissent ces pages t'inviter à écouter la voix de la nature, celle de ton cœur et du potentiel qui vit en toi.

Chapitre 1

Tumulte du matin et papillon

Dans la maison joyeusement désordonnée des Lagrandeur-Woodson, les matins étaient rarement paisibles et tranquilles. On entendait des rires, des chuchotements, des couverts qui s'entrechoquaient, parfois des cris. Une vraie symphonie familiale.

Le doux soleil de mai filtrait à peine à travers les rideaux de la cuisine. Luka, les cheveux en bataille, descendit les escaliers, habillé, comme à l'habitude, d'un t-shirt et d'une paire de jeans. Même si c'était samedi, tout le monde était debout tôt. Gabrielle avait son cours de piano à 8h et Justin, son soccer à 8h45. À peine Luka avait-il posé le pied dans la pièce qu'un cri le fit sursauter.

— *Gabrielle ! Pas mes crayons !* s'exclama Justin, le grand frère, les bras croisés devant une feuille couverte de gribouillis fluos.

— *C'est pour une carte au trésor !* protesta Gabrielle en brandissant fièrement un parchemin improvisé, le nez parsemé de taches de feutres verts.

Justin ramassa ses crayons, contrarié.

— *Sssshhut ! Vous allez réveiller papa...* souffla Luka, le regard inquiet, en pointant le divan du menton.

Gabrielle se raidit aussitôt, les joues gonflées d'un air fautif, comme une petite grenouille surprise de s'être fait prendre. Justin leva les yeux au ciel et tourna les talons en marmonnant *:*

— *Oui, oui, Monsieur-Le-Gardien-du-Calme...*

Luka soupira, puis s'approcha du divan. Son père dormait toujours, heureusement. Il tira doucement la couverture, la remonta tout près de son visage trop pâle.

Assise à la table, leur maman, les cheveux en chignon mal attachés, donnait la purée à Lily, le bébé de la famille. Avec un sourire baveux, la petite renversait tout par terre, ravie de sa grande découverte scientifique du matin : la gravité.

— *Luka, peux-tu chercher les chaussettes d'Alexis? Il en a encore mis deux pas de la même couleur et on doit partir bientôt,* lança-t-elle entre deux bouchées de compote.

« *Encore ?* » pensa Luka.

Dans le coin de la cuisine, Alexis, son frère jumeau, tournait sur lui-même en fredonnant une chanson inventée. Il répétait la même phrase en boucle : « *Y'en a pu de fraises* ». Luka sourit. Il aimait ces moments-là chez Alexis, quand il semblait flotter dans son propre monde.

Il repéra deux chaussettes identiques dans le panier à linge, les mit en boule et les lança à son frère avec précision.

— *Merci,* murmura Alexis sur un ton neutre, sans le regarder, mais avec ce léger sourire en coin qui disait tout.

Un fracas retentit dans la salle à manger.

— *Oh non ! Ne renverse pas la confiture*... soupira maman.

La cuisine était un vrai capharnaüm : pain entamé, factures à payer, pot de miel collant, piles de devoirs, boîte à lunch oubliée, dessin de volcan sur le frigo, et la plante verte qu'Alexis avait fait tomber la veille, toujours en train d'agoniser dans un coin.

— *Alexis, viens terminer ton bol de céréales,* répéta maman pour une dixième fois ce matin.

— *Je peux aller me promener aujourd'hui au lieu d'aller avec vous ?* demanda Luka, sa veste rouge déjà enfilée, son sac d'explorateur accroché sur son dos.

— *Tu as déjeuné ?* demanda maman.

Il haussa les épaules.

— *Pas faim. Je vais juste m'apporter des collations.*

Maman rangeait les restes du déjeuner, Alexis tapait sur la table avec ses doigts en chantonnant un air répétitif et Justin râlait parce qu'il ne trouvait plus ses écouteurs. Gabrielle, quant à elle, continuait de dessiner des chemins magiques sur sa carte au trésor.

Soudain, un énorme papillon de nuit se mit à tournoyer autour de la lumière, ses ailes grises battant l'air dans un bourdonnement feutré.

— *AHHHHH ! NOOOON Ahhhh Ahhhhh !* cria Alexis en panique, les mains sur la tête.

— Encore une bestiole ! grogna Justin, découragé, en attrapant un journal roulé.

— *Pa... papillon, pa... pa... papillon, pa... papillon !* continuait de crier Alexis en mettant les mains sur ses oreilles et en se balançant d'avant en arrière, les yeux fermement plissés.

— *Non ! Ne le tue pas !* s'écria Luka en bondissant devant Justin.

Il empoigna une chaise, monta dessus et leva les mains lentement vers le papillon. Il le suivit des yeux fixement, avec patience. Ses gestes étaient calmes et doux. L'insecte paniqué se cognait frénétiquement contre l'ampoule avant de venir se poser, hébété, sur le rideau de la fenêtre. Les bras tendus, les mains en coupe, Luka s'approcha tranquillement.

— *Shhhht... Doucement papillon, pas de panique...*

Justin croisa les bras et roula des yeux, un soupir exagéré lui échappant, comme si la douceur de Luka dépassait encore son seuil de tolérance. Il trouvait souvent ses réactions ridicules. Après tout, ce n'était qu'une bébitte.

Au même moment, Luka réussit à capturer l'insecte volant sans lui faire de mal, ses mains refermées délicatement autour de celui-ci.

— *Gaby ! Tu m'ouvres ?* dit-il, les paumes pleines de battements d'ailes.

Gabrielle sauta de sa chaise, les yeux brillants.

— *Oui, je t'ouvre, Luka !* dit-elle, complice.

Elle courut jusqu'à la porte arrière, puis l'ouvrit, en s'inclinant dans un geste de cérémonie malicieusement théâtrale, comme si elle ouvrait la porte d'un château pour un invité royal.

Luka s'avança, un sourire aux lèvres, les bras tendus pour contenir le fragile captif.

Ensemble, ils sortirent sur le perron donnant sur la cour arrière.

— *Mission libération d'insecte activée !* chuchota-t-elle en riant.

Luka s'approcha de Gabrielle, se pencha légèrement et ouvrit ses mains pour que sa sœur admire le papillon avant de le libérer totalement. Celui-ci battit quelques fois des ailes avant de s'envoler dans la lumière dorée du matin en zigzaguant, puis disparut dans l'immensité du ciel. Gabrielle applaudit doucement, heureuse d'avoir participé à cette libération.

— *Bye bye, papillon. Merci de ta visite*, souffla Luka, presque pour lui-même.

— *Il est libre maintenant*, ajouta Gabrielle.

— *Oui,* murmura Luka. *Il n'a rien fait de mal, il était juste perdu.*

Une petite pensée traversa Luka.

« Parfois, quand on dérange, qu'on ne se sent "pas à sa place" ou "de trop", c'est peut-être simplement qu'on n'est pas dans le bon environnement. »

Cette idée lui fit du bien.

Quand il revint à l'intérieur, leur mère, Suzie, était assise à côté d'Alexis. Elle respirait lentement, posant une main rassurante sur l'épaule de son fils, qui s'agitait encore.

— *Tu es en sécurité, Alexis. Le papillon ne faisait pas de mal, mais je comprends que tu as eu peur, c'est terminé maintenant. Respire avec moi...*

Alexis suivait les respirations. Ses bras n'étaient plus sur sa tête. Sa voix s'était un peu apaisée, mais il se balançait encore, doucement.

Luka s'approcha et s'assit à côté de lui.

— *Tu vas mieux ?*

Alexis acquiesça, sans le regarder.

— *Oui... pu de papillon, pu de papillon*, dit-il en murmurant, son corps toujours en mouvement.

Luka posa une main sur l'épaule de son frère, puis se leva sans bruit et reprit son sac à dos.

Sa mère, de retour au nettoyage du fouillis du déjeuner, lui lança un regard complice qui disait merci.

Encore assis à la table, reprenant ses esprits, Alexis avait arrêté de trembler. Il se tourna vers Luka avec un mélange de soulagement... et d'admiration muette. Après lui avoir rendu un sourire, Luka se tourna vers sa mère et demanda :

— *Je peux y aller, maman ?*

Le bruit, les cris, le brouhaha... tout ça lui donnait parfois envie de se retirer, de trouver un endroit calme. Ce jour-là, il choisit de sortir prendre l'air. Respirer l'odeur des arbres l'aidait souvent à se sentir mieux.

Maman regarda Luka quelques secondes. Elle savait. Luka n'aimait pas trop dire quand il se sentait dépassé, mais elle reconnaissait ce regard.

— *Va, mais reste sur le sentier. Et reviens au plus tard pour le souper, d'accord ? Pense à te prendre des collations, sinon tu auras faim* !

Luka hocha la tête avec un large sourire, attrapa deux pommes dans le bol à fruits et son pot de noix laissé sur le comptoir la veille avec sa barre tendre préférée. Il se glissa silencieusement dehors, laissant derrière lui les éclats de voix, les rires et le joyeux chaos de la maison.

Chapitre 2

La cabane des souvenirs

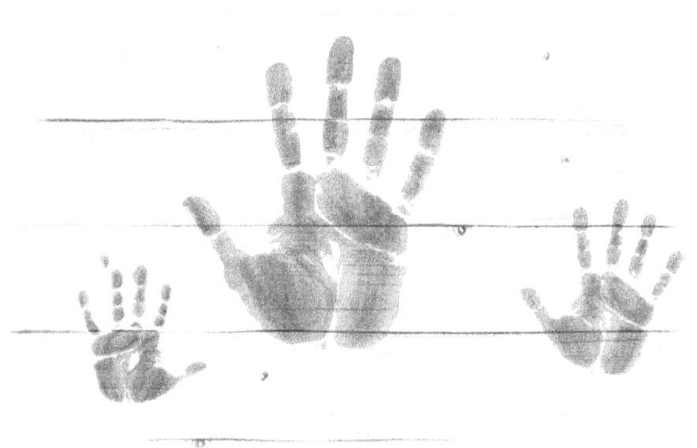

Le vent du matin était léger. L'air était frais et sentait un mélange d'herbe couverte de rosée et d'aiguilles de pin mouillées. Venant tout juste de fermer la porte derrière lui, Luka inspira profondément, savourant enfin un peu de silence. Déjà, sous cette brise matinale, l'air portait la promesse discrète d'une journée chaude. Il commença à marcher d'un pas pressé vers l'entrée du bois, là où les arbres commençaient à se refermer sur le monde... sur son monde.

Il n'avait pas fait trois pas que des griffes familières grattèrent le perron.

— Jack... mon beau Jack, pas aujourd'hui, d'accord...

Le vieux golden retriever, blond doré, au museau poivre et sel, aux yeux doux comme le miel, remuait faiblement la queue. Luka s'accroupit et le caressa entre les oreilles.

— J'ai juste besoin d'être un peu seul, tu comprends ?

Jack pencha la tête, les oreilles légèrement relevées, l'air profondément perplexe. Il couina doucement, l'air de dire :

« Tout seul ? Sans moi ? Vraiment ? »

Puis, il recula d'un pas, résigné. Il retourna s'asseoir, droit comme un gardien, sur le bord du perron, suivant du regard son jeune maître qui s'éloignait, sac sur le dos, vers la forêt.

Luka lui fit un signe de la main sans se retourner, le cœur un peu serré.

Il longea les grands érables du terrain arrière, enjamba la clôture basse et se dirigea instinctivement vers ce sentier connu, qu'il aimait tant emprunter. Il ne voulait pas encore partir à l'aventure, du moins pas tout de suite. Il voulait d'abord faire un arrêt à son refuge.

Le sentier s'enfonçait entre les arbres comme un vieux chemin discret. Sous ses pas, les feuilles craquaient légèrement, et une odeur d'humus mouillé montait du sol. Le printemps était bien installé et la forêt bourdonnait discrètement de vie. Luka leva les yeux : un merle se posait en équilibre sur une branche, un écureuil se baladait en sautant d'un arbre à l'autre, une mésange chanta trois notes rapides, puis se tut.

Il marcha en silence, bercé par le bruissement des feuilles nouvelles. Ses pensées s'égaraient — de la maison un peu trop bruyante ce matin, au papillon qu'il avait libéré, au regard de son jumeau, encore troublé après l'agitation... Et à papa, bien sûr. Il n'en parlait pas trop, mais il y pensait souvent.

Comme un nuage bas qui reste accroché au fond du ciel. Il inspira profondément. Il avait besoin de retrouver un lieu à lui, un endroit qui l'aidait à s'apaiser.

Quelques minutes plus tard, il atteignit la clairière au fond du bois.

Un craquement sec retentit au loin, suivi d'un froissement rapide, comme si quelque chose s'était faufilé entre les arbres. Luka, curieux, tendit l'oreille et plissa les yeux vers la cabane. Mais la forêt avait retrouvé son silence.

Luka haussa les épaules sans y penser davantage.

Il arriva enfin. Là, presque invisible sous les branches basses, se trouvait leur cabane. Elle avait été construite sept ans plus tôt. Un projet de famille improvisé à la fin de l'été. Luka se souvenait encore des rires, de la sciure dans les cheveux, des marteaux trop lourds, de la fierté dans les yeux de Marc quand ils avaient vissé la dernière planche du toit.

Marc, cher Marc. Il avait vraiment pris soin de lui, comme un vrai père... peut-être même plus que son propre père ne l'avait jamais fait. Comme si, depuis son arrivée, il avait comblé ce vide en lui. Il avait une place particulière dans son cœur. Même si ce n'était pas son vrai père, Luka l'aimait tellement !

Ce refuge, perché dans les airs, était soutenu par deux grands érables robustes. Une corde-échelle d'environ trois mètres pendait du plancher de bois. Elle grinçait un peu, et plusieurs barreaux commençaient à être usés. Luka s'arrêta au pied de l'échelle et la regarda un instant, les mains sur les hanches.

— *Elle aurait bien besoin d'un peu d'amour, cette cabane,* marmonna-t-il.

Il testa les barreaux un à un en montant prudemment.

Arrivé presque en haut, il s'arrêta net. Un des barreaux était fendu en plein centre, cassé en deux. Chaque extrémité tenait encore, retenue de justesse par les cordes qui entouraient chaque barreau.

— *Hein…? Je ne me souvenais pas que celui-là était cassé,* dit Luka en se grattant la tête, un peu perplexe.

Il fit une grande enjambée pour l'éviter, se hissa en attrapant la rambarde du balcon, et grimpa sur les planches juste devant la porte. Une fois debout, il la poussa doucement, un grincement vif et strident retentit…

À l'intérieur, tout était resté comme ils l'avaient laissée la dernière fois. Les coussins décolorés, les dessins accrochés aux murs avec des clous rouillés et, au fond, le mur aux empreintes.

Trois mains peintes en bleu : au centre, celle de son père Marc, large et forte. Celle de son grand frère Justin, un peu maladroite, avec les doigts étalés. Et la sienne, toute menue, juste à côté.

Luka passa ses doigts sur sa propre empreinte. Il réalisait à quel point il avait grandi. Puis, sur celle de son père. C'était comme toucher un souvenir bien ancré en lui. Il mordilla machinalement le bout des cordons de sa veste. Un geste qu'il faisait souvent quand il repensait à des choses trop grandes pour son cœur.

Il resta là un moment, à respirer le silence, observant les détails de la cabane comme s'il se remémorait chaque souvenir avec nostalgie.

Soudain, un autre craquement retentit, tout en bas. Luka sursauta, se leva d'un bond et courut jusqu'à la fenêtre.

Un autre bruit se fit entendre, léger, pressé... presque une petite course qui s'éloigne en zigzag. Il scruta les environs, mais ne vit rien de particulier. Rien que des arbres, immobiles.

Il se faufila de l'autre côté de la cabane et colla son nez à la deuxième fenêtre. Là-bas, un peu plus loin, les buissons frémissaient. Quelque chose venait de passer. Y avait-il quelqu'un d'autre dans la forêt ou...

— *C'était sûrement des chevreuils,* se dit-il tout bas. *Il y en a souvent dans ce bois. À moins que ce soit un ours, ou un loup. Ça, ça serait moins drôle...*

Il resta encore quelques secondes à guetter, l'oreille tendue, puis haussa les épaules.

— *Pas grave...* murmura-t-il en essayant de se rassurer.

Mais une légère tension restait accrochée dans sa poitrine.

Il jeta un dernier coup d'œil au loin. Alors qu'il allait se détourner, quelque chose attira son regard, juste là, sur le rebord en bois : une minuscule coccinelle, orange pâle, avec trois bandes noires parfaitement dessinées.

Luka s'accroupit sur le plancher de bois, attrapa son sac à dos et en sortit un carnet au dos souple, à la couverture en cuirette brun foncé, un peu texturée. Sa mère le lui avait offert quelques semaines plus tôt.

« Parce que tu aimes tellement dessiner, mon cœur, et que tu as toujours mille et une idées dans la tête », avait-elle dit le regard rempli de tendresse.

Depuis, Luka y dessinait tout ce qui l'émerveillait... il y notait aussi ses pensées, des questions, des phrases venues d'ailleurs, ou celles qu'il n'osait dire à personne.

C'était son carnet. Un espace secret, doux et libre.

Il sourit, l'ouvrit à une page encore vierge, et traça doucement le contour de la coccinelle qu'il venait de voir sur le bord de la planche.
— *Une coccinella trifasciata*... dit-il à mi-voix, comme s'il confiait un secret.

Depuis un moment déjà, il était fasciné par les insectes. Tout avait commencé lors d'un été en canot-camping avec son grand-père, où il avait passé des heures à observer les petites bêtes sur les roches et les feuilles. Sa passion s'était renforcée après une visite à l'Insectarium de Montréal. Il avait été émerveillé par tant de couleurs, de formes, de mystères minuscules. Il n'avait peut-être pas vu de chevreuil, mais un insecte, c'était encore mieux.

Il se retourna vers le cœur de la cabane. Dans ses yeux brillait cet éclat particulier — un mélange de hâte et de nostalgie — comme lorsqu'on s'apprête à retrouver un souvenir précieux.

Chapitre 3

Les trésors cachés

Luka s'avança doucement vers le cœur de la cabane, là où se trouvait le coin salon. À côté de la table basse, dénichée autrefois dans le grenier de grand-papa, il s'agenouilla près d'un vieux coussin moelleux et le souleva délicatement.

En dessous, une planche dissimulée. Et là, bien cachée depuis longtemps, se trouvait une boîte de biscuits en métal, cabossée et couverte d'autocollants délavés. Il la tira vers lui, la posa sur ses genoux et en souleva délicatement le couvercle.

À l'intérieur, pas de biscuit. Luka retrouva plutôt ce qu'il y avait soigneusement caché, comme un trésor intime enfoui au fond de lui-même.

Une balle de baseball usée, les coutures un peu effilochées — celle que Marc lui lançait dans la cour, quand il allait encore bien. En la prenant dans ses mains, Luka entendit presque le ploc du gant de cuir, les rires partagés, la lumière de fin de journée. Il sentit un vent chaud monter en lui et sa gorge se nouer. Il avait envie de pleurer...

Et puis, ses yeux s'arrêtèrent sur un gazou-sifflet coloré, légèrement écrasé — le dernier qui restait de sa fête de neuf ans, l'une de celles où il avait invité ses cousins/cousines et où sa mère avait organisé une tombola. Il se souvenait qu'ils avaient mangé trop de gâteaux et de friandises.

Il souffla doucement dedans. Le sifflet émit un son aigu et tordu, comme un canard enrhumé. Il éclata de rire. Il revit Savannah, sa cousine et meilleure amie, glisser sur le bord de la terrasse, sa part de gâteau aux bleuets s'échappant de ses mains... pour finir dans la gueule grande ouverte de Jack, leur chien, ravi de sa surprise d'anniversaire. Ils en avaient ri à chaudes larmes durant un moment qui avait semblé sans fin.

Et cette même journée où ils avaient décidé d'éclater toutes les ballounes en sautant dessus avec leurs fesses, en équilibre sur une vieille chaise pas très solide. Chaque *POUF* les faisait hurler de rire — jusqu'à ce que la chaise se brise en deux.

Luka sourit tout seul, le cœur un peu plus léger. Ces souvenirs-là... ils faisaient du bien.

En remettant le sifflet et la balle dans la boîte de métal, il vit une plume jaune, fine, douce. Celle qu'il avait trouvée au bord du ruisseau, un matin de printemps, avec sa grand-mère alors qu'il n'avait que cinq ans.

Il avait dit : « *Une plume de banane* » et sa grand-mère avait éclaté de rire en disant : « *Quel clown tu es, toi !* » Elle lui rappelait qu'un détail léger pouvait illuminer un jour entier. Il la fit glisser entre ses doigts, comme un secret léger. Il sourit en y repensant... mais son sourire se fit plus discret.

Il ne se sentait plus aussi drôle qu'avant, plus aussi léger. Il fronça un peu les sourcils. Depuis quelque temps, son cœur s'était alourdi, comme des nuages qui s'accumulent lentement, jusqu'à assombrir tout le ciel.

Enfin il trouva au fond de la boîte une roche toute blanche, parfaitement lisse et ronde ramassée lors d'une sortie de pêche avec son grand-père. Elle brillait un peu, même dans la pénombre. Il s'en souvenait bien, il l'avait trouvée juste après avoir entendu son grand-père dire :

« *Quand on sait regarder, on trouve toujours quelque chose de précieux. La vie nous offre plein de cadeaux, Luka, il s'agit d'être ouvert et de regarder avec les yeux du cœur.* »

Son grand-père avait toujours le don de dire de belles grandes phrases. Luka ne les comprenait pas toujours du premier coup... Mais une partie de lui sentait qu'elles avaient du sens.

Il la serra dans sa paume, comme si elle gardait encore la chaleur de cette journée-là.

Un à un, avec tendresse, Luka contempla ces précieux morceaux de vie, jusqu'au fond de la boîte. Même les choses usées, oubliées, avaient gardé en elles un éclat précieux. Il prit le temps de tourner doucement chaque objet dans ses mains, comme pour raviver et s'imprégner des souvenirs qu'ils contenaient. Il regarda à nouveau autour de lui, observant la pièce et se remémorant les précieux moments qui s'y rattachaient. Une boule dans la gorge, il se sentait nostalgique.

— *Même si Justin ne vient plus vraiment ici... même s'il se dit maintenant trop grand pour jouer... moi, je reviendrai. Même quand je serai grand. C'est une promesse*, murmura-t-il.

Il resta là un instant à respirer le silence, ses yeux fixés sur la plus grande des trois empreintes : celle de son beau-père Marc, qu'il appelait papa. Il pensa à lui. À ses yeux fatigués depuis quelque temps. À ses absences, ses rendez-vous à l'hôpital. Son corps qui maigrissait et perdait de la force. À ce mot étrange qu'il avait entendu dans la bouche des adultes et qui semblait si terrible : cancer.

À ce moment-là, son cœur se serra d'un coup, comme si une main invisible l'écrasait. Une chaleur lourde, comme une coulée de lave, monta dans sa gorge. Ses yeux se remplirent de larmes, sans qu'il ne puisse les retenir. Il ne comprenait pas tout. Mais il savait que quelque chose avait changé.

Il sortit de nouveau son carnet et dessina, sans trop réfléchir, les trois empreintes. Puis, juste en dessous, il ajouta une cabane en bois, avec un cœur au milieu. Les yeux remplis d'eau, il griffonna quelques mots:

Est-ce que je vais perdre aussi
mon deuxième papa ?

Une larme coula doucement sur sa joue. Il leva la tête et regarda autour de lui. Puis, il ajouta :

> Ici, je cache des souvenirs précieux, que je veux toujours garder...

Ces souvenirs dans la cabane étaient comme de petites racines dans son cœur. Malgré la tristesse, ils l'aidaient à rester solide, même quand ça bougeait trop autour de lui.

Les mots continuèrent de défiler sur sa feuille comme un courant qui suit son cours.

Ses larmes, tombées sur le papier, firent gondoler un bout de la page et délavèrent un peu l'écriture, comme si son chagrin s'était lui aussi déposé là, entre les lignes.

À l'école, il n'osait pas écrire ce qu'il pensait vraiment. Les mots ne sortaient pas comme il voulait. Là, c'était plus facile. Il sentait qu'il pouvait juste être lui-même.

Il rangea le carnet, referma la boîte précieusement et remit la planche en place. Un peu perdu dans ses pensées, il sortit de la cabane, refermant la porte doucement derrière lui, comme on ferme un coffre aux trésors.

Chapitre 4

Une sortie spectaculaire

Alors que Luka commençait à redescendre par l'échelle branlante, il posa un pied sur le premier barreau. L'esprit encore flottant dans les souvenirs, il continua à descendre en oubliant le barreau cassé.

En posant le pied dans le vide, Luka perdit l'équilibre. Puis tout alla trop vite.

Son pied glissa, sa jambe passa dans l'ouverture et resta accroché au niveau du genou, son corps basculant violemment en arrière.

Il eut le souffle coupé. Un son étouffé se coinça dans sa gorge, presque avalé par sa chute.

— *Ahhh, aaah ! Noooooon !* s'écria-t-il enfin, tête en bas, avec la peur nouée dans sa voix.

Il se retrouva suspendu à l'envers, les bras et l'autre jambe qui battaient dans le vide comme un épouvantail pris dans une bourrasque. Heureusement pour lui, sa jambe coincée lui avait permis d'éviter la catastrophe en ne dégringolant pas jusqu'en bas.

— *Non, mais... sérieusement ?!* grogna-t-il.

Il gigota doucement, en gardant bien sa jambe pliée pour qu'elle reste accrochée, puis tenta de se redresser un peu — sans succès. Un élancement brûlant traversa l'arrière de sa jambe, forcée de supporter tout son poids.

Le sang coulait doucement vers sa tête, lui donnant l'impression d'être une petite fraise prête à tomber du plant.

— *Aïe... zut de flûte... comment je fais maintenant*? marmonna-t-il, la voix toute bizarre à cause de la gravité qui lui chatouillait le nez.

Son sac ballotait dans son dos, lui tapant le derrière de la tête comme un ami trop pressé de lui rappeler qu'il est encore là.

— *Respire, Luka... respire... t'es pas coincé ici pour la vie...*

Son corps, lui, se contentait de se balancer tel un hamac désespéré. Il replia ses abdos, lentement, comme si chaque muscle sortait de sa sieste.

Il agrippa finalement la corde de l'échelle, la paume glissant un peu sur les fibres rêches.

Centimètre par centimètre, il remonta, assez tenace pour refuser d'abandonner son dernier espoir.

Son ventre se rapprocha enfin de l'échelle. La tête vers le haut, il tâtonna l'air d'une main, cherchant à s'accrocher à une branche qui passait au-dessus de lui.

Il étira son bras, les doigts tremblants, effleurant la branche qui semblait se moquer de rester juste hors de portée.

— *Allez... encore un peu...*

Il serra les dents, donna un élan avec son torse...

Ses doigts finirent par accrocher solidement la branche, puis il se balança pour l'agripper avec l'autre main.

Un énorme soulagement lui traversa le ventre.

D'un dernier effort, il pivota la hanche, libéra enfin sa jambe coincée et se retrouva suspendu à la branche par les bras.

Il resta là quelques secondes, haletant, laissant ses jambes pendre dans le vide comme deux spaghettis trop cuits.

Puis, il inspira, relâcha la branche... et se laissa tomber au sol.

Il atterrit sur ses fesses avec un *ouf* sonore, les cheveux en bataille, le cœur un peu à l'envers.

Il se releva maladroitement, les genoux encore un peu tremblants. Il jeta un œil à l'échelle, un peu amochée, et souffla un grand coup :

— Oufff, je l'ai eu ! Hé, mais c'était tout un exploit ! Note à moi-même : réparer l'échelle… et peut-être éviter de redescendre tête première la prochaine fois.

En regardant de nouveau le haut de l'échelle, il éclata de rire, soulagé. Il se dit qu'il avait eu bien de la chance de ne pas se casser le cou.

Il imagina aussitôt Justin qui aurait été plié en deux de rire en le voyant dans cette position.

« Il se serait sûrement moqué de moi en me traitant de "chauve-souris maladroite" pendant deux semaines… » pensa-t-il.

Un petit rire nerveux lui échappa.

Il était secoué… mais aussi un peu fier d'avoir réussi à se sortir de là, même si ce n'était pas très gracieux.

Mais une fois son rire passé, un drôle de calme retomba autour de lui. Ce n'était peut-être pas seulement son corps qui avait vacillé ce jour-là. Quelque chose en lui semblait aussi chamboulé.

Il prit le temps de s'asseoir dans l'herbe quelques instants pour reprendre ses esprits. Sa chute n'était que la cerise sur le sundae d'un empilement de petits chaos intérieurs.

Il relaça tranquillement ses souliers avant d'attraper son carnet pour y griffonner un bonhomme pendu à l'envers par une jambe, les cheveux dressés comme s'il venait de traverser une tornade.

Le souffle plus calme, l'esprit un peu plus clair, il regardait les feuilles des arbres qui frémissaient dans le vent, les racines qui s'entremêlaient…

C'est alors qu'en balayant des yeux le paysage autour de lui, son regard se posa sur un objet scintillant à moitié visible dans l'herbe.

Il s'approcha, intrigué. Il prit l'objet...

— *Un pendentif ?!* s'exclama Luka, étonné.

C'était un disque de bois lisse, pas plus gros qu'une pommette, gravé de petits symboles, avec un ornement de métal et de petites pierres incrustées. Le tout était accroché à un cordon effiloché qui semblait cassé.

— *Qu'est-ce que tu fais là, toi ?* murmura-t-il.

Il l'observa sous toutes les coutures. Le style lui faisait penser à ceux que Savannah aimait fabriquer avec des bouts de branches, des perles naturelles ou des pierres polies.

— *Peut-être qu'elle l'a perdu,* se dit-il. *Ou alors... c'est peut-être un mystérieux trésor de la forêt ?*

Il le rangea précieusement dans la poche intérieure de son sac à dos, avec le sentiment que c'était un objet important.

Il se redressa et descendit lentement le sentier boisé, les mains dans les poches, son sac rebondissant doucement sur son dos.

Ses pensées dérivaient, encore un peu agitées. Même derrière cette belle trouvaille, un fond plus lourd persistait.

Il ressentait le besoin de se déposer. De s'éloigner de ce nuage grisâtre qui flottait dans ses pensées comme un brouillard épais qui refusait de se disperser.

Il fit tourner une brindille entre ses doigts, pensif, tandis que le vent faisait danser les feuilles au-dessus de lui. Il ne savait pas encore que cette promenade allait lui faire plus de bien qu'il ne l'imaginait.

Chapitre 5

Ce que la rivière emporte

Le sentier familier s'étirait sous ses pieds, bordé de fougères et de racines. Les oiseaux chantaient comme un chœur invisible et joyeux. Le soleil montait et, déjà, la chaleur du printemps se faisait sentir.

Il avançait d'un pas tranquille, croquant sa pomme, les pensées encore embrouillées. Elles voguaient entre sa chute dans la cabane, le vacarme de la maison, le pendentif trouvé, et les émotions qui avaient surgi là-haut, sans prévenir.

Luka pensait également à son père. À l'école qui finirait bientôt. Aux examens qui approchaient. À maman, qui semblait si épuisée.

Il sentait sa poitrine se serrer.

Il tripotait machinalement le cordon de sa veste, avec ses doigts agités, comme souvent, quand le hamster se mettait à courir dans sa tête.

Le jeune garçon fit une pause et s'assit à l'ombre d'un arbre. Il sortit son carnet de son sac et caressa du bout des doigts sa couverture nervurée. Il y griffonna une phrase, presque un souhait :

J'aimerais tellement que ce nuage lourd dans ma tête puisse disparaître !

Il referma le carnet lentement, comme si ce simple geste lui permettait de déposer un peu ce qu'il portait en lui.

Après avoir englouti sa pomme juteuse, il jeta le trognon au pied d'un érable, en se disant que les fourmis en seraient ravies.

Ayant repris la route, il arriva près de la rivière, celle qui longeait le village et serpentait doucement à travers la forêt. Il adorait cet endroit, qui lui rappelait tant de bons souvenirs. Accueillant, sécurisant… et pourtant différent chaque fois, selon les saisons.

Un peu plus loin, un vieux pont de bois traversait le ruisseau. Son grand-père l'appelait *le pont qui ne mène nulle part*.

En marchant, il leva les yeux vers les branches, laissant le vent souffler un instant dans sa tête embrouillée, comme pour repousser le hamster dans sa cage.

Mais un lacet rebelle, qui s'était délié en silence, se coinça dans une racine. Luka trébucha, tenta de se rattraper, mais s'écrasa de tout son long, les deux mains en avant, dans une grosse flaque de boue tiède.

— *Aahhh, beeeurk !*

Il se redressa sur ses genoux, les mains toutes boueuses, les avant-bras éclaboussés. Il resta là quelques secondes, l'air sonné, puis soupira.

— *Génial... ! Bravo, Luka. Dis donc, c'est tout un matin. L'échelle de la cabane et là, je trébuche...*

Il observa ses doigts dégoulinants et, dans une grimace, imagina Alexis, les mains tendues, dégoûté :

— *Boue ! Trop sale !*

Luka rit doucement. Son frère n'aimait pas les textures bizarres. Il aurait détesté ça... il ne supportait même pas une goutte de sauce sur ses doigts.

Mais lui... ça le dérangeait moins. Et ça le fit même sourire un peu.

Il se releva et descendit la pente vers la berge pour aller se rincer les mains dans le courant clair. Luka s'accroupit, les doigts plongés dans l'eau vive. Elle était très froide. Cela le saisit. Il inspira profondément. Après un instant, cette fraîcheur lui fit du bien.

En frottant la boue sous ses ongles, il se pencha davantage, et c'est là qu'il le vit.

Un coléoptère aux reflets métalliques courait sur une pierre chauffée par le soleil. Luka se figea, fasciné. L'insecte scintillait de vert et de violet, comme un bijou vivant. Il adorait ces rencontres inattendues.

Il essuya rapidement ses mains sur son pantalon, sortit son carnet, le posa sur ses genoux et traça une esquisse rapide.

Il y écrivit : Poecilus lucublandus

Il aimait leurs noms latins. On aurait dit des formules magiques.

Il resta un moment là, les yeux perdus dans les reflets de l'eau, son carnet ouvert sur ses genoux. Malgré le calme du courant et la beauté de l'insecte, quelque chose tourbillonnait encore en lui.

Des pensées confuses, des inquiétudes floues... un mélange de tristesse, de tension et d'images, qu'il n'arrivait pas à déposer.

On aurait dit que sa tête était comme une rivière mouvementée, où toutes les pensées se bousculaient comme des vagues agitées, qui ne savaient pas vraiment dans quelle direction aller.

Il jouait nerveusement avec ses doigts encore un peu mouillés, les enroulant machinalement dans les cordons de sa veste — ce vieux réflexe souvent présent quand il se sentait agité ou incertain.

Puis, comme une bouée qui refait surface, un souvenir lui revint.

Un truc que sa maman lui avait montré, les soirs où il n'arrivait pas à s'endormir...

« Quand tu as trop de pensées ou d'émotions lourdes, imagine que tu les déposes dans une pierre... et que tu la laisses partir. »

Il chercha autour de lui un caillou bien lisse.

Il le prit dans ses mains, le serra fort.

— *D'accord*… souffla-t-il.

Il ferma les yeux. Il inspira longuement, puis murmura, comme pour souffler dans la pierre tout ce qui le tracassait : ses pensées, son stress, les sensations lourdes dans son corps, ses frustrations, ses mésaventures… dont ses deux chutes… Il poursuivit ses confessions à la pierre, lui offrant toutes les lourdeurs que portait son cœur.

À chaque mot qu'il confiait, il sentait ses épaules s'abaisser un peu, de l'espace se créer à l'intérieur de lui, comme si son corps comprenait quelque chose avant lui.

Il rouvrit les yeux. Autour de lui, la forêt, d'un calme particulier, semblait écouter.

Il se redressa et eut une idée.

Il chercha des morceaux de bois, une écorce bien plate, des feuilles, une brindille recourbée, quelques branches fines assez solides. Il passa un bon moment à fabriquer un petit bateau, bancal mais joli, avec les moyens du bord.

Il installa doucement son caillou au centre du bateau. Il le regarda un instant, comme pour lui dire au revoir. Puis, il le déposa sur l'eau, là où le courant était plus doux.

— *Bon voyage !* dit-il en chuchotant.

Le bateau glissa doucement sur la rivière. Il se laissa porter, tournoyant légèrement. Il voguait aisément à la surface de l'eau, emportant avec lui une partie de ce que Luka avait déposé.

L'enfant le suivit du regard, comme s'il ne voulait pas perdre une seconde de ce voyage fragile, jusqu'à ce qu'il ne soit plus qu'un point minuscule sur le courant.

Puis, il s’assit sur une pierre, les coudes sur les genoux, et laissa le silence s’installer.

Un silence qui faisait du bien. Autour de lui, la forêt semblait respirer calmement.

Pour la première fois depuis longtemps, quelque chose en lui s’était allégé, comme si une fenêtre s’était ouverte à l’intérieur de lui.

Chapitre 6

Le sentier de la plume

Luka était resté là un moment, à observer la lumière danser à la surface de l'eau. Le vent faisait frémir les feuilles au-dessus de lui et le courant murmurait des secrets que seuls les arbres semblaient comprendre.

C'est alors qu'il vit quelque chose flotter lentement, porté par l'eau, comme un message venu d'ailleurs.

Une plume turquoise, légère comme un souffle, tournoyait en silence entre les reflets. Elle se coinça doucement entre deux pierres, juste à côté de lui. Luka la ramassa, intrigué. Il la fit tourner entre ses doigts. Elle était magnifique, presque irréelle, comme peinte à la main.

C'était comme si la forêt lui avait offert un signe, une présence délicate, mais précieuse.

En la regardant, il sentit son souffle devenir plus léger. Quelque chose en lui semblait s'apaiser davantage.

Mais soudain, une brise se leva. Sa trouvaille mystérieuse lui échappa, s'envola dans un tourbillon et alla se poser de l'autre côté de la rivière.

En relevant les yeux, là où la plume avait atterri, Luka aperçut une ouverture étroite dans les buissons, au-delà du vieux pont de bois.

Une sorte de sentier, presque invisible, semblait longer l'autre côté de la rivière.

Il n'avait jamais remarqué ce passage auparavant.

— *Bizarre*... murmura-t-il.

Un frisson lui parcourut la nuque.

Son regard alternait entre la plume et cette nouvelle voie dissimulée.

Il avait l'étrange impression qu'elle lui montrait un chemin.

Luka sentit un élan dans sa poitrine. Une sorte de serrement qui le tiraillait. Ce n'était pas de la peur, pas de la tristesse. Ça poussait à l'intérieur, comme un appel silencieux à avancer.

Il hésita. Il savait qu'il n'était pas censé quitter le chemin habituel. Sa mère le lui avait bien dit.

Et ce passage… était-ce un vrai sentier ?

Malgré sa curiosité et son envie de suivre cet élan, Luka fit demi-tour, prêt à repartir sur le chemin connu… comme si tourner les talons allait suffire à repousser l'appel du sentier. Du moins, c'est ce qu'il essaya de faire avant que sa curiosité lui tire presque la manche.

Ses yeux restaient accrochés à cette ouverture mystérieuse dans les feuillages. Il se sentait tiraillé, intrigué. Quelque chose, au fond de lui, avait envie de s'aventurer plus loin… même s'il n'en était pas tout à fait sûr.

La plume, toujours posée là-bas, semblait l'attendre. Elle était si spéciale… Il aurait bien aimé la rapporter, l'ajouter à sa collection de trésors.

N'arrivant pas à se convaincre de la laisser là, il secoua la tête, puis rebroussa brusquement chemin, déterminé à ramasser ce trésor.

En traversant le vieux pont de bois, il se demanda soudain où ce *pont qui ne mène nulle part* allait réellement.

Peut-être qu'il menait… quelque part, finalement. Peut-être même vers *quelqu'un* ou *quelque chose*. En fait, comment un pont pouvait-il mener *nulle part* ?

Il longea la rivière en bondissant d'une pierre à l'autre jusqu'à atteindre la plume turquoise. Mais au moment où il se pencha pour la ramasser, une nouvelle rafale s'engouffra entre les arbres, faisant s'envoler la jolie plume encore plus loin, en plein dans l'entrée du mystérieux sentier.

Luka cligna des yeux, abasourdi.

— Euh, *vraiment bizarre*… souffla-t-il, à mi-voix.

Il regarda autour de lui, puis à nouveau vers le sentier. Il hésita, longuement.

L'inconnu l'attirait autant qu'il l'inquiétait. Il triturait nerveusement les cordons de sa veste, songeur. Le petit hamster qui courait vite dans sa tête, lui, n'avait visiblement pas signé pour cette aventure.

Suivre la plume... ou rester sur le chemin qu'il connaissait ? Il n'arrivait pas à se décider.

Luka la voyait comme un simple trésor, mais la plume, posée là, semblait savoir quelque chose qu'il ignorait encore.

Puis, il inspira, redressa les épaules, et murmura :

— *Bon... j'ai juste à ne pas aller trop loin.*

Il remonta son sac sur son dos, comme pour s'armer de courage, et s'avança pas à pas vers l'ouverture entre les buissons.

Ce qu'il ne savait pas encore, c'est qu'en suivant ce signe mystérieux, il venait de mettre le pied sur un chemin qui allait changer bien des choses.

Pour lui.

Et pour la forêt.

Chapitre 7

Des noix à partager

La plume enfin ramassée et rangée dans son sac, Luka longeait la rivière, d'un pas encore hésitant, les mains un peu moites. C'est alors qu'il aperçut des glands tombés au sol. Il les ramassa machinalement, les fit rouler dans sa paume, puis les lança un à un sur le haut du tronc d'un grand peuplier, comme pour se défier lui-même.

Toc ! Le gland ricocha et tomba à l'eau.

Il sourit, puis en lança un autre. Puis un autre.

— *Touché ! Encore un !*

Luka se prépara à en projeter un dernier quand il entendit un craquement sec dans les branches, suivi d'un bruissement soudain.

Il resta figé, la main encore tendue vers le ciel. Puis, il recula d'un pas.

— *Euh… c'était quoi, ça ?*

Il leva la tête, les yeux plissés.

Puis, soudain, une boule rousse jaillit d'un amas de feuilles et bondit sur une branche basse… poussant des cris aigus, furieux, stridents.

— *Trrrrrri ! Kri-kri-kri-KRRRIII !*

Il vit un écureuil roux, très contrarié, la queue dressée comme un point d'exclamation, les pattes crispées. Il jacassait furieusement, courant d'un bout à l'autre de la branche, le regard rivé sur Luka.

— *Sérieux ? C'est toi qui fais tout ce fracas ?* souffla-t-il, soulagé… puis éclata de rire, nerveusement.

— *Fiou, j'ai cru que t'étais un ninja de la forêt…*

L'écureuil, indifférent à sa peur passagère, continua de rouspéter comme si c'était lui qui avait eu une frayeur.

— *Trrrrrrt ! Kkri-kri-kri ! Trrr-Krrrrr-KRRRIII !*

Luka murmura plein de compassion :

— *Oups… C'est chez toi ? Je t'ai réveillé ? Excuse-moi, petit…*

Ils restèrent quelques instants à se regarder.

Luka l'observa plus attentivement. Il remarqua une tache blanche sur le haut de sa tête, pas plus grosse qu'un pois. Et l'une de ses oreilles... était un peu déchirée, comme si elle avait frôlé une aventure un peu trop mouvementée.

— *Toi, t'es pas juste bruyant, t'es un vrai guerrier des forêts. Pas vrai ?* murmura-t-il, amusé.

L'écureuil descendit de quelques branches, curieux, faisant des allers-retours, comme s'il voulait s'approcher... mais n'osait pas, tout en continuant, par moment, d'exprimer son mécontentement.

Luka s'accroupit doucement, posa ses glands au sol et fouilla délicatement dans son sac, sans geste brusque pour ne pas faire fuir le petit rongeur.

— *J'ai mieux que ça, pour toi... tiens, regarde.*

Il sortit une poignée de noix de son pot, qu'il avait pris en quittant la maison.

— *J'en ai assez pour partager. Promis, elles sont bonnes.*

Il se releva doucement avant de se reculer pour laisser de l'espace à son invité-surprise. Il attendit quelques instants, sans bouger, afin de ne pas effrayer la bestiole.

L'écureuil était descendu de quelques branches, mais hésitait encore.

— *Allez... je bouge pas, tu peux venir,* murmura Luka, les bras figés le long du corps.

L'écureuil renifla l'air, les moustaches frémissantes.

— *Tu fais ton gêné, viens, je ne suis pas dangereux.*

Luka se força à ne pas bouger.

C'est alors qu'une mouche surgit de nulle part et se mit à tourner autour de sa tête, bourdonnant bruyamment près de ses oreilles, comme un mini-hélicoptère.

Et elle se posa directement… sur son nez !

— *Non… pas maintenant,* supplia-t-il tout bas, les yeux plissés, croisant les doigts pour qu'elle reparte.

— *Ça chatouille !*

Il voulait la chasser d'un geste, mais il savait que le moindre mouvement pourrait faire fuir l'écureuil. La mouche resta là quelques secondes, à piétiner son nez… puis décolla en vrombissant. Luka souffla discrètement, soulagé.

L'écureuil, après un dernier moment d'hésitation, s'élança. Il attrapa quelques noix, recula en bondissant, puis grimpa sur une branche basse pour grignoter sa récolte en paix.

Luka, enfin libre de se dégourdir, soupira d'aise en se disant que rester immobile n'était pas si facile que ça.

— *C'est bon, hein !? Bon festin, petit !*

Il resta là encore un instant. Observer l'animal grignoter calmement lui fit un drôle d'effet. Comme si, pendant un instant, le rongeur dans sa tête avait cessé de courir… et que tout son corps avait pu souffler.

L'écureuil, sans le regarder, changea de branche et grignota calmement sa dernière noix.

— *Tu es moins furieux maintenant que tu te régales, non ?* murmura Luka, comme si parler trop fort allait briser le charme.

L'écureuil leva sa tête, en l'inclinant de côté, la queue dressée, comme s'il attendait encore quelque chose.

— *Quoi, tu en veux encore ? Dis donc, ce n'est pas un buffet à volonté, petit gourmand.*

Luka sourit malgré lui. Il ouvrit son carnet, s'assit sur une pierre, et se mit à dessiner. Un gland, un écureuil, puis des éclats de voix : *Krrr ! Kri !*

Il ajouta en haut de la page :

> Parfois, pour apprivoiser, il faut juste...
> attendre, rester présent, en silence,
> et être patient.

Puis, il fit glisser la couverture sur les pages, du bout des doigts, comme s'il renfermait un secret précieux.

Tout à coup, il entendit un craquement dans le bois. Il se retourna rapidement. Il crut voir une silhouette au loin. Juste là, entre deux troncs. Elle disparut quand il cligna des yeux.

Luka frissonna. Il sentit son ventre se serrer vigoureusement. Il tenta de regarder de nouveau, avec attention, en tendant l'oreille pour déceler le moindre son.

Rien.

Peut-être que son imagination lui jouait des tours. Ou peut-être que certains lieux gardent des présences invisibles à l'œil, mais qui se ressentent...

Un peu incertain, il remit les restes de noix dans son sac, se releva lentement et salua son nouvel ami l'écureuil.

Il reprit son escapade courageusement, regardant tout de même nerveusement autour de lui.

Il longea la rivière qui dessinait une courbe douce entre les arbres, encore troublé par cette silhouette étrange qui s'était volatilisée... comme un rêve éveillé. Mais tout de même heureux de ce moment magique partagé avec l'écureuil.

Chapitre 8

La vallée aux roches moussues

Le vent soufflait doucement entre les feuilles, faisant danser les ombres au sol comme des esprits joyeux.

Après un bon moment à arpenter la forêt, Luka s'aperçut que le sentier bifurquait, se séparant en deux de chaque côté d'un bouquet d'arbres. L'un se déroulait droit et dégagé, l'autre, plus escarpé, se cachait sous des branches en arche.

Jetant un coup d'œil derrière lui, il se demanda s'il ne serait pas mieux de revenir sur ses pas et de reprendre le chemin connu. Il s'était peut-être déjà trop éloigné de la route familière. Même s'il était déjà très heureux de tout ce qu'il avait découvert... une petite voix murmurait qu'il y avait encore plus à explorer.

Luka hésita, mais son regard fut attiré par une plume, posée au sol au milieu de la pente abrupte. Puis, il vit un éclat de vert étrange, vibrant, derrière les branches, comme une invitation.

Prenant la plume comme un nouveau signe du chemin à suivre, il choisit de continuer son exploration et escalada ce nouveau sentier escarpé. Il s'aventura dans cette ouverture en poussant les branches qui l'empêchaient de passer. Rendu en haut, il leva les yeux, et il s'arrêta, émerveillé.

— *Wow*... murmura-t-il, *magniiiifiiiiiique* !

Devant lui s'étendait un vallon. Un espace tapissé de roches, de toutes tailles — grosses, rondes, plates, empilées, ou couchées — certaines étaient même recouvertes d'un épais manteau de mousse verte. Quelques-unes d'entre elles avaient l'air si moelleuses qu'on aurait dit des lits confortables.

L'air était plus frais ici, un peu plus humide, et un silence dense régnait, comme si la forêt était endormie.

Il descendit lentement entre les pierres, posant ses pieds avec précaution. Il y avait une atmosphère particulière, ici. C'était un espace paisible et accueillant, comme si les roches incarnaient une présence subtile...

Il avançait doucement... mais en posant le pied sur une roche, celle-ci bascula soudainement. Luka trébucha d'un pas maladroit, les bras écartés comme un funambule surpris, avant de retrouver tant bien que mal son équilibre.

Il expira, soulagé.

Il se redressa, encore un peu secoué. Il avait l'impression que la pierre lui avait fait un clin d'œil.

Les roches étaient belles... mais malgré leur apparence solide, certaines étaient chancelantes sous ses pieds. Un peu comme ces journées où tout change sans prévenir, ces moments où l'imprévisibilité s'invite dans nos vies et chamboule nos plans, sans crier gare.

Un oiseau chanta dans le silence. Luka s'approcha d'un rocher plat et large, comme un banc naturel, et s'y installa, les jambes en tailleur.

Il soupira profondément.

— *C'est beau ici... Je me sens vraiment bien.*

Soudain, son ventre gargouilla, ce qui le tira de ses pensées. Il ouvrit son sac, sortit son pot de noix et sa barre tendre. Le jeune garçon prit quelques instants pour enlever ses souliers et sentir la mousse humide sous ses pieds. Il sirota sa bouteille d'eau en observant la beauté de ce nouvel environnement qu'il découvrait. Il s'allongea sur le ventre, le menton calé sur ses mains, grignotant sa collation.

Devant lui, un mini-monde s'agitait dans la mousse : une minuscule araignée tissait un fil entre deux touffes, comme un funambule invisible.

Un scarabée émeraude, brillant comme un bijou vivant, avançait lentement, ses antennes vibrantes explorant chaque brindille.

Une chenille poilue aux couleurs éclatantes rampait tranquillement, comme une œuvre d'art ambulante.

Un coléoptère noir surgit d'une fente dans l'écorce d'une branche, s'arrêta, puis disparut sous une feuille morte.

Une punaise au dos rouge flamboyant semblait faire une pause, suspendue au bord d'une goutte d'eau, comme si elle se regardait dans un miroir.

Et soudain — *poup* ! — une sauterelle d'un vert vif bondit sous son nez et disparut aussitôt dans les hautes herbes, comme un éclat de lumière vivante.

Luka retint son souffle. Tout était si petit, si discret... et en même temps, si vivant.

Il observa longuement cette scène, émerveillé.

C'était comme si la forêt, au creux du vallon, lui présentait ses plus petits habitants, dans un ballet discret qu'on peut observer seulement quand on prend le temps de s'arrêter.

Pas très loin, à travers les arbres, il entendait le murmure de la rivière. Après quelques bouchées, toujours installé sur le ventre, il sortit son carnet devant lui pour noter les détails livrés par la nature. Le cuir brun de son livre reflétait un peu la lumière. Il adorait l'odeur des pages quand il l'ouvrait... un mélange de papier, de forêt et d'aventure.

Puis, il y griffonna :

J'ai l'impression que cet espace est figé dans le temps, comme un lieu magique, une forêt enchantée, comme dans les livres d'histoire.

Mousse : univers secret. Scarabée vert → ailes violettes !

Mais au moment où il venait de poser son crayon, une bourrasque soudaine s'engouffra entre les arbres, comme un souffle venu du sol. Des feuilles mortes s'envolèrent en tourbillonnant… et, avec elles, le papier froissé de sa barre tendre.

— *Hé ! Reviens ici, toi !* lança Luka en tendant le bras.

Il se pencha brusquement, tenta d'attraper le papier au vol pour ne pas polluer la forêt… mais son coude accrocha son carnet, posé devant lui.

Le carnet bascula, rebondit sur une roche plus basse et tomba directement dans une grosse flaque, avant de glisser lentement vers un filet d'eau qui serpentait en contrebas, en direction de la rivière…

— *Ah noooon… mon carnet !*

Il bondit sur ses pieds, glissa sur une pierre trop lustrée, manqua de tomber, rattrapa une branche de justesse et se lança à la poursuite du carnet. Il le vit flotter comme une barque miniature entre deux pierres, puis prendre de la vitesse. Luka courut après lui, entra dans l'eau sans même y penser, se mouillant jusqu'aux genoux, puis bondit pour le rattraper. Il y parvint juste avant qu'il ne rejoigne la rivière. Il le saisit, tout trempé, les pages gondolées et collées entre elles.

— *AAAHHHHHH, mais c'est pas vrai ! Zut, flûteeeee ! Pas mon carnet,* grogna-t-il entre ses dents serrées et le cœur en bataille.

Ce n'était pas juste. Malgré toutes les belles découvertes qu'il avait faites ce jour-là, il avait l'impression que quelque chose essayait de lui jouer des tours.

Essoufflé et trempé, il s'assit lourdement sur une grosse pierre, le cœur battant encore fort. Ses mains tremblaient un peu tandis que ses doigts jouaient distraitement avec les cordons de sa veste, mais la tension ne voulait pas partir si facilement. La colère et la déception lui serraient toujours la poitrine, comme un poids dont il n'arrivait pas à se départir.

Il lança un regard furieux aux pages toutes gondolées, posées devant lui. La chute, la boue, le carnet... Tout semblait s'acharner contre lui aujourd'hui.

— *Ouff, au moins je ne l'ai pas perdu !* grogna-t-il en le serrant contre lui.

Il l'ouvrit délicatement, exposant ainsi les pages trempées au soleil, espérant que le temps et la chaleur guériraient un peu ses précieux mots.

— *T'es trop important, toi... J'espère que tu tiendras le coup.*

Il resta là, un moment, regardant la lumière danser à la surface de l'eau, tout en espérant que ses écritures et ses dessins résisteraient à cette épreuve.

Puis, il demeura immobile, les yeux levés vers les branches, laissant ses pensées flotter.

Une brise douce passait entre les pierres.

Et, comme pour retrouver le calme après tout ce tumulte, Luka ferma les yeux... posant une main sur la grosse roche couverte de mousse sur laquelle il se déposait. Elle était tiède, douce, apaisante.

Il resta figé encore un moment, adossé à une pierre, le regard perdu entre les branches. Puis, il baissa les yeux et regarda autour de lui. La colère se dissipait peu à peu. Malgré les mésaventures, il se sentait si bien, entouré de cette nature paisible... Tout semblait si calme... si à sa place.

Il sourit en coin, en se disant qu'il aimerait bien se sentir comme ça à l'école.

— *En classe, j'ai souvent l'impression de ne pas y arriver. J'aime apprendre, mais parfois, ça va trop vite. D'autres fois, c'est trop long. Trop bruyant ou juste... ennuyant. Ma tête part souvent dans tous les sens, comme une boussole qui a perdu son nord. Elle fait plein de détours, saute d'un nuage à l'autre... en pensant à des choses qui m'intéressent plus que ce qui est au programme. Des fois, je me demande comment les autres font...* confia-t-il, comme si les roches pouvaient l'entendre.

Ici, au milieu des roches et des insectes, il avait l'impression que sa tête avait plus d'espace pour respirer.

Il soupira doucement, joua distraitement avec le coin de son carnet, l'ouvrit à une page pas trop trempée et y écrivit :

Je suis tanné de me sentir nul,
pas bon à l'école.

Pourquoi je ne comprends pas
comme les autres.

Si seulement je pouvais avoir une
baguette magique et devenir le
meilleur de la classe, facilement,
comme Mia qui n'a même pas
l'air de faire d'effort.

J'aimerais ça me sentir bien à
l'école... comme je me sens ici...

Il pensa aussi à Savannah, sa cousine et meilleure amie, qui faisait l'école à la maison. Luka la trouvait chanceuse.

« Elle peut apprendre à son rythme, faire des projets qui la passionnent en suivant ce qui l'anime vraiment, d'une façon qui lui ressemble. »

Il resta encore un moment assis là, en silence, les yeux mi-clos.

La lumière filtrait doucement à travers les feuillages, dansait sur les pierres, et tout semblait en paix. Ici, il se sentait vraiment comme chez lui.

Mais en pensant à *chez lui*, une autre pensée surgit.

Est-ce que c'était le moment de rentrer, justement ?

Il n'était pas certain de l'heure, mais le soleil semblait déjà haut. Peut-être que mère se demandait où il était passé.

Il joua avec les cordons de sa veste, pensif.

Puis, lentement, il se leva, épousseta ses genoux, enfila ses chaussures et remit son carnet dans son sac. Le soleil l'avait bien aidé à sécher, même s'il était encore un peu humide.

Il rejoignit le chemin qui l'avait mené à ce magnifique endroit et jeta un coup d'œil derrière lui, vers le sentier du retour. Puis, il regarda devant. Le chemin s'ouvrait encore, mystérieux. Il resta immobile, hésitant.

— *Juste un peu plus longtemps...* souffla-t-il, presque pour lui-même.

Il reprit sa route, laissant derrière lui la vallée des roches moussues. Mais il savait qu'il y reviendrait. Ce lieu... avait quelque chose de spécial

Chapitre 9

Défi pour sauver les petits

Le chemin devenait plus étroit à mesure qu'il longeait la rivière. Luka reconnaissait ici et là quelques pistes de chevreuil, comme si le sentier appartenait davantage aux animaux qu'aux randonneurs. On aurait dit que peu de gens s'y aventuraient encore : les branches basses frôlaient ses épaules et le sol, couvert de feuilles sèches, laissait craquer sous ses pas de petits cailloux oubliés. Le murmure de l'eau, tout près, semblait l'inviter à avancer plus doucement.

Un bruit attira ssoudainement son attention.

Ploc.

Puis, un cri aigu, à peine audible.

— *Piou-piou... piouuu...*

Luka s'arrêta, son regard balayant le sol, jusqu'à ce qu'il l'aperçoive.

Un minuscule oisillon, tout tremblant, au duvet ébouriffé, gisait sur un tapis de feuilles. Il piaillait faiblement, la tête levée vers le ciel, les yeux fermés, comme s'il appelait à l'aide. Un peu plus loin, un bout de nid était renversé, partiellement brisé, des brins d'herbe et de mousse dispersés autour.

— *Oh non...*, souffla le jeune garçon, désolé pour la créature fragile.

Luka s'approcha doucement. Il sentit un pincement au cœur et son ventre se noua. Voir ces petites vies-là, par terre, ça lui brisait le cœur.

Il chercha autour, et trouva deux autres oisillons, l'un à quelques pas, l'autre... beaucoup plus loin, presque sous un buisson.

— *Comment vous êtes arrivés là, les tout-petits mini...?*

Un bruit sec dans les branches lui fit lever les yeux. Un raton dégringola à demi le long du tronc avant de s'enfuir, effrayé par la présence de Luka. Très haut dans le bouleau, il aperçut des restes d'herbes séchées : l'emplacement initial du nid. L'attaque du raton laveur avait été féroce.

Il n'y avait pas une seconde à perdre. Maintenant... il fallait agir.

« Mais quoi faire ? Comment replacer le nid et les oisillons là-haut ? » pensa-t-il.

Le tronc du bouleau était large et lisse, sans aucune branche basse. Impossible de grimper comme ça. Mais Luka n'était pas du genre à abandonner, surtout pas pour sauver de fragiles créatures — même s'il ne se sentait pas certain d'y arriver ou d'être la bonne personne pour une mission pareille.

Il fouilla dans son sac. Il en sortit une corde, un peu sale, et tressa des nœuds à intervalles réguliers — comme des boucles. Son grand-père lui avait appris à faire ces nœuds en canot-camping.

— *Merci, Grand-Papa*, souffla-t-il. *En espérant que ça fonctionne*...

Il lança la corde avec précision par-dessus une branche solide, comme s'il construisait un petit pont entre lui et son courage. Après plusieurs essais maladroits — et un coup sur la tête avec le bout de corde tombé trop vite —, il réussit à l'enrouler autour de la grosse branche et à la fixer solidement. Il venait de créer une mini-échelle improvisée.

Il tira fort pour vérifier la solidité. Ça tenait.

— *Bon... allons-y. Mission sauvetage enclenchée*, déclara-t-il malgré ses doutes.

Mais avant de grimper, il se souvint d'un conseil entendu mille fois :

« Ne jamais toucher un oisillon à mains nues. Sa mère pourrait ne plus reconnaître son odeur. »

Il ne savait pas si c'était vrai, mais ne voulut pas prendre le risque.

Alors, il ramassa une grande feuille de chêne, qu'il utilisa comme un gant, et recueillit délicatement le premier oisillon. À travers la mince verdure, sa chaleur remplissait sa paume.

Luka oublia tout le reste : il y avait, pendant un instant, seulement le battement fragile de la vie. Le petit animal tremblait, mais respirait. Il le plaça dans le nid déposé dans une pochette improvisée en écorce creuse, tapissée de mousse.

Il partit à la recherche du deuxième… qui se laissa faire sans trop protester.

Mais le troisième… ah, le troisième !

Celui qui s'était aventuré sous le buisson semblait avoir des ambitions d'indépendance.

Chaque fois que Luka s'approchait, il sautillait plus loin.

— *Hé, toi ! C'est pas le moment de jouer à cache-cache, petit acrobate…*

Une poursuite animée s'enclencha. Luka zigzaguait comme un géant maladroit dans la jungle, tentant de coincer le fuyard entre les feuilles. Il tourna en rond pour tenter de capturer l'évadé, s'élança, glissa, se cogna le genou sur une roche, trébucha dans une grosse racine… mais finit par l'attraper, essoufflé.

— *T'es un vrai ninja à plumes, toi ! Dis donc… t'as l'esprit d'aventure. On s'entendrait bien, petit coquin.*

Finalement, les trois oisillons étaient là, blottis dans leur embarcation de fortune.

Avant d'entreprendre son ascension, Luka observa la corde accrochée à la branche haute. Une hésitation lui traversa la poitrine en repensant à sa chute de ce matin. Il sentait son cœur battre fort dans sa poitrine.

— *Mais qu'est-ce que je suis en train de faire, là ? Est-ce que ça va marcher ?*

Sa main libre s'agitait, son pouce frottant ses autres doigts. Il enroula un bout du cordon de sa veste autour de son index, reflet discret de son agitation intérieure.

En entendant les piaillements, il prit son courage à deux mains et posa un pied dans la première boucle.

— *C'est bon. Je ne vous laisserai pas tomber.*

Un pas après l'autre, avec une détermination de feu, il monta graduellement. Il tirait sur ses bras, s'appuyant sur les nœuds comme sur les marches d'une échelle artisanale. Ses bras tremblaient un peu, mais il avançait, concentré.

Les battements de son cœur s'accéléraient à mesure qu'il montait. Le vent soufflait un peu plus fort. Ses doigts glissaient légèrement sur la corde rêche.

Un vrombissement surgit soudain. Un pinson, tout ébouriffé, fonçait droit sur lui en poussant des cris furieux.

L'oiseau tournait autour de sa tête, le frôlant à chaque passage.

Il leva une main en l'air, riant nerveusement, un peu effrayé, se couvrant comme il pouvait.

— *Aïe ! Ok, ok ! C'est bon, j'ai compris, tu veux protéger tes bébés ! Aïïïïe ! Arrête ! C'est pas moi, le méchant ! Laisse-moi t'aider, je vais les déposer !*

Malgré les attaques de l'oiseau, Luka poursuivit son escalade jusqu'au sommet, tout près de la branche où était posé le nid avant sa chute. Avec tout son courage, malgré les cris insistants de la maman, il coinça le nid dans la fourche de l'arbre, puis déposa délicatement les oisillons à l'intérieur, un à un.

Le silence retomba.

Il chercha la maman des yeux.

La femelle pinson réapparut en piaillant. Elle se rendit au nid, prit le temps de vérifier l'état de sa progéniture, replaça quelques brindilles et vola en boucle autour de Luka.

Elle se posa sur une branche toute proche et inclina la tête sur le côté, comme pour l'observer. Ses yeux ronds fixaient Luka intensément.

Puis, doucement, elle se mit à chanter. Un chant clair, doux, plein de notes légères et lumineuses.

Luka n'avait jamais entendu un oiseau chanter comme ça. Du moins, il n'y avait jamais prêté attention. C'était comme si elle racontait quelque chose... ou qu'elle lui offrait un remerciement vibrant.

Un frisson parcourut Luka.

Le moment semblait suspendu, magique, malgré les tremblements de ses bras et de ses jambes.

Il resta là à écouter les harmonies sonores, les yeux grands ouverts, les mains solidement accrochées à la corde. Puis, il sourit.

— *De rien, ça m'a fait plaisir, madame pinson...*

L'oiseau regagna son nid et Luka descendit lentement, les jambes un peu molles mais le cœur gonflé de chaleur.

Son cœur battait encore très vite, mais à l'intérieur, quelque chose brillait.

Il venait de découvrir qu'il pouvait être courageux... même quand ses jambes tremblaient.

Il prit son carnet et écrivit :

Mission sauvetage réussie !

Ouf... j'ai eu peur, mais j'ai tenu bon. Ce n'était pas facile, mais j'y suis arrivé. Parfois, être courageux, ça fait du bien.

Merci, maman pinson, pour ton joli chant !

Chapitre 10

Une découverte étonnante

Luka reprit doucement son chemin, qui serpentait entre les troncs serrés, tantôt longeant la rivière, tantôt s'en écartant. Le sol était tapissé de mousse souple, et des champignons blancs apparaissaient ici et là dans les coins d'ombre.

Il marcha longtemps — ou peut-être pas tant que ça. Il avait perdu la notion du temps.

Le sentier devenait de plus en plus étroit. À certains endroits, les branches basses lui barraient presque le passage, comme si la forêt elle-même voulait le retenir. Il dut se pencher, écarter des feuillages, contourner des troncs tombés et chevaucher d'énormes racines, comme si un vieux sentier, oublié depuis longtemps, disparaissait doucement sous l'élan de la forêt qui reprenait sa place.

Puis... plus rien.

Le chemin semblait s'éteindre dans un amas de broussailles et de troncs serrés. Aucune trace évidente de sentier, telle une impasse.

Il s'arrêta, plissa les yeux. Chercha à gauche, à droite. Rien.

Un pincement d'inquiétude le piqua dans sa poitrine.

Il fit quelques pas dans une direction, puis dans une autre, mais chaque fois, la flore se refermait sur lui.

Il recula, observa les alentours, les sourcils froncés, le cœur battant. Tout à coup, un affolement s'empara de lui. Et s'il s'était perdu ?

Les battements de son cœur s'accélérèrent, comme si quelqu'un avait appuyé sur le bouton panique. Et s'il avait mal choisi son chemin ? Il sentit une grosse boule se former dans son ventre.

Il rebroussa chemin pour voir s'il avait manqué quelque chose. Mais il semblait vraiment perdu. Que des voies sans issue. La forêt l'avait-elle abandonné? Ou peut-être l'invitait-elle simplement ailleurs...?

Il leva les yeux en tentant de garder son calme. Il continua d'observer son environnement, puis, soudain, quelque chose attira son attention. Une petite plume, le duvet au vent, était posé sur un arbre couché, tombé depuis longtemps, recouvert de mousse et de lichen. Luka s'approcha, grimpa sur le billot de bois et ramassa la plume avec un sourire en coin. Il leva les yeux et de l'autre côté, entre deux grandes fougères, il aperçut une ouverture. Un sentier, à peine perceptible. La suite de celui emprunté. En fait, le chemin était toujours là... même quand il ne le voyait plus. La piste avait seulement été brouillée par l'arbre tombé qui lui avait caché la vue.

Encore une fois, un signe duveté de la forêt lui avait fait un clin d'œil pour le guider sur le bon chemin.

Une chaleur se répandit dans sa poitrine.

— *Ouf...* souffla-t-il, soulagé.

Il n'était pas perdu. Et la nature l'accompagnait encore.

Il redescendit de l'arbre avec précaution et reprit sa promenade, plus attentif que jamais.

Luka vit deux écureuils courir l'un après l'autre le long du tronc, comme s'ils jouaient à cache-cache. Le sentier ondulait tranquillement entre les arbres. Il ne savait pas exactement où il allait, mais il appréciait ce moment présent où il se laissait guider et explorer de nouveaux horizons.

« C'est un peu comme Savannah », pensa-t-il.

Elle lui avait déjà raconté que, dans sa façon d'apprendre, la plupart du temps, elle se laissait porter par ses élans, ses curiosités du moment, et que ça menait naturellement à de nouveaux apprentissages. Une phrase entendue, un livre inspirant, un nouvel insecte découvert, la construction d'une cabane d'oiseaux, prendre soin des plantes du jardin, aller au musée... Tout regorgeait de possibilités d'apprentissage.

Ici, dans la forêt, il avait l'impression que c'était possible. Qu'il pouvait apprendre avec tous ses sens... et pas seulement avec des cahiers.

« *Moi aussi, j'aimerais apprendre comme ça... ne pas devoir avancer au même rythme que tout le monde, suivre ce qui m'intéresse vraiment, utiliser ma créativité, mettre ma couleur...* » se dit-il à lui-même.

Et comme cette pensée lui traversait l'esprit, il vit devant ses yeux la forêt s'ouvrir. Juste là, au centre, sur un tas de roches imposantes...

Un arbre.

Luka s'arrêta net. Son corps figé, la bouche entrouverte, il n'en croyait pas ses yeux.

Un immense chêne. Majestueux. Inimaginablement imposant !

Son tronc tordu semblait danser, ses racines émergeaient de la terre comme des serpents agrippés au sol.

Cet arbre était le plus impressionnant qu'il n'ait jamais vu. Son tronc était si large qu'on aurait pu croire qu'il abritait des secrets vieux de plusieurs siècles. Son écorce crevassée semblait former des rides, comme un visage vieilli par la sagesse. Ses branches immenses s'élançaient vers le ciel, formant une voûte qui tamisait la lumière. Il dégageait une force, une sagesse et une beauté incomparable. Le silence se fit tout autour, comme si la forêt elle-même honorait sa présence.

Luka s'approcha, lentement, les yeux levés en observant chaque partie de l'arbre.

Il avança, pas à pas, fasciné, jusqu'à pouvoir y toucher. Il posa sa main sur l'écorce. Elle était chaude, rugueuse.

— *Wow, c'est le plus bel arbre que j'ai jamais vu !* s'exclama-t-il.

Son cœur battait vite. Une douce excitation l'envahissait. Comme une résonance ou comme si quelque chose en lui reconnaissait cet arbre.

Il avait l'impression d'avoir découvert un trésor de la nature. Et dire que ce géant se cachait là, en silence, depuis toutes ces années à quelques heures à pied de chez lui ! En caressant encore son écorce et en regardant ses branches, il se demandait si d'autres personnes connaissaient son existence.

Luka s'assit lentement au pied du grand chêne, le dos contre son tronc large et chaud. Il prit le temps de soupirer en admirant le paysage à couper le souffle qui l'entourait. La forêt, le ciel bleu parsemé de nuages légers comme de la ouate, la montagne au loin, les roches sous les racines auxquelles s'adossait la rivière, peu profonde. Il n'avait jamais vu un lieu aussi saisissant. Pendant quelques instants, il avait l'impression que la beauté prenait toute la place, que rien d'autre n'existait. Sa respiration semblait se mêler à celle de la forêt.

Il sortit son carnet, encore un peu humide. Il repensa à la péripétie du carnet tombé à l'eau, reconnaissant d'avoir pu le récupérer. Ses doigts glissèrent sur la couverture gondolée alors qu'il s'installait pour dessiner.

Il traça les lignes du vieux chêne, ses racines serpentines, ses branches infinies, son feuillage bien garni… puis les courbes paisibles de la rivière, les rochers moussus, et les glands tombés par terre comme des offrandes. Il dessinait en silence, absorbé. Le calme de ce lieu entrait doucement en lui.

Chapitre 11

La rencontre du Vieux Chêne

Le silence l'enveloppait, apaisant, presque dense. Il se laissa aller contre l'écorce rugueuse, ferma les yeux un instant. Un concert d'oiseaux s'élevait dans la clairière. Luka écouta attentivement. Notes aiguës, gazouillis pressés, sifflements mélodieux, murmures flûtés, tous s'entremêlaient en une symphonie tissée de lumière. Parmi les chants d'oiseaux, les *krrri-krrri* caractéristiques des écureuils résonnaient parfois, haut dans les branches. Une harmonie sauvage, douce et vibrante, jouait en rythme avec le souffle tranquille de la forêt.

Un vent subtil, venu d'on ne sait où, fit frémir les branches au-dessus de lui. Il fit tournoyer les feuilles, caressant le visage de l'enfant… comme s'il lui souhaitait la bienvenue.

Luka frissonna. Une étrange sensation remontait le long de sa nuque.

Ce souffle lui fit fermer les yeux quelques instants. Assez longtemps pour sentir un calme surprenant se déposer au fond de son ventre.

Et dans ce bruissement léger, le vent semblait s'adresser à lui. Le souffle se transforma en son. Le son, doucement en mots.

Deux syllabes fragiles, portées par l'air, chuchotées délicatement entre les branches.

« *Luuuuukaaa…* »

Il ouvrit très grand ses yeux, restant figé quelques secondes. Il regarda autour, un peu affolé.

Mais rien. Personne.

Juste les arbres, la lumière et cet étrange sentiment d'être observé… mais aussi… d'être accueilli.

Il reposa son carnet sur ses genoux. Son souffle était court, entrecoupé. Il était attentif, intrigué, mais surtout perplexe.

Et puis, cette fois, une voix plus claire. Pas un murmure de vent. Pas une parole humaine non plus.

Une voix grave, lente, posée, qui résonnait jusque dans sa poitrine. Elle semblait sortir de plusieurs endroits à la fois, comme diffuse entre le ciel, la terre et même le tronc contre lequel il était appuyé.

Mais elle était bien là.

— Te voilà... petit homme.

Luka se figea de nouveau, les yeux écarquillés. Son coeur s'accéléra. Il tourna la tête vers le tronc, comme si quelque chose allait apparaître dans l'écorce. Pendant une seconde, il eut l'impression que certaines lignes du bois dessinaient presque un visage paisible, avec deux yeux fermés et un front plissé de rides. Mais il se dit que ce n'était sans doute que son imagination. C'était sûrement juste les lignes anciennes du bois, ses creux et ses cicatrices.

— Bienvenue au cœur de la forêt, petit homme. Tu as entendu ton nom, n'est-ce pas ? C'est ainsi que l'appel commence, pour ceux qui savent encore écouter.

Luka ouvrit de grands yeux ronds, sa mâchoire se décrocha lentement. Il était bouche bée, comme figé par l'étonnement. Il n'osa pas répondre. Il ne savait même pas s'il devait répondre. Il n'arrivait pas à y croire. Est-ce que l'arbre lui avait vraiment parlé?

Malgré son cœur qui battait la chamade, ce qu'il ressentait n'était pas de la peur, mais plutôt de l'étonnement et de la curiosité. Il ressentait une chaleur tranquille et profonde, comme un feu discret qui réchauffait doucement l'intérieur de sa poitrine.

— C'est un honneur que tu sois venu. Nous choisissons rarement l'instant. C'est plutôt lui qui nous choisit.

Luka déglutit, encore et encore, sans parvenir à faire disparaître le nœud dans sa gorge. Il posa la main sur le sol, puis sur son sac, machinalement, comme pour toucher à quelque chose de réel et s'assurer qu'il ne rêvait pas. Il eut envie de parler... mais ne savait par où commencer.

La voix reprit, avec bienveillance :

— *Le calme de la forêt fait du bien, n'est-ce pas, petit homme ? Le tourbillon du quotidien devient parfois si bruyant qu'il semble prendre toute la place...*

Luka leva les yeux, écoutant les paroles, tout en cherchant à confirmer d'où elles venaient. La voix poursuivit, douce comme une berceuse ancienne :

— *Quand le tumulte des jours devient trop fort, quand les bruits couvrent même ta propre pensée... ici, dans la nature, tu peux venir t'écouter.*

Luka sentit dans sa poitrine que ces mots étaient justes. Il hocha lentement la tête et inspira profondément, comme pour mieux goûter ce calme.

Puis, levant les yeux vers le tronc massif, il vit deux fissures dans l'écorce, l'une au-dessus de l'autre, qui lui donnaient soudain l'impression d'être observé, comme si un vieux regard bienveillant se posait sur lui.

— *Est-ce que c'est vraiment toi qui me parles... ou est-ce que je rêve ?* murmura Luka.

Un léger bruissement parcourut les feuilles.

— *Qui peut dire où finit le rêve et où commence la réalité ? Parfois, ce que tu crois rêver est ce qu'il y a de plus vrai.*

Luka secoua la tête, comme pour se réveiller.

— *Oh... je crois que ma chute de la cabane a été plus intense que je ne le pensais... Peut-être que je me suis cogné la tête finalement. Ou alors... je suis en train de dormir ?* chuchota-t-il, plus pour lui-même que pour l'arbre, en essayant de trouver une explication logique à tout ça.

La voix répondit après un bref silence :

— Peut-être. Ou peut-être que tu t'éveilles... à quelque chose que tu savais déjà.

Luka resta un instant sans parler, le regard perdu dans les branches. Puis, il murmura, incrédule, presque malgré lui :

— C'est réel, alors ?

Une pause. Puis, la voix reprit, rieuse et grave à la fois :

— La réalité n'est pas toujours ce qu'elle semble être, petit homme. Parfois, elle est bien plus vaste... et plus vivante que tu ne le crois.

— Incroyable, j'entends un arbre me parler, ajouta-t-il encore surpris.

Luka resta immobile, le souffle lent, comme si la forêt elle-même respirait à travers lui... et qu'il voulait savourer chaque seconde de ce moment magique.

Mais un doute surgit encore :

— Est-ce que je deviens fou ? Est-ce que... je t'entends vraiment parler ?

— La folie n'est pas d'entendre la vie, petit homme...
La folie serait de croire qu'elle est muette. Oui, tu m'entends. Mais surtout... tu t'entends, toi.
Quand le mental se calme, même un peu, on peut enfin entendre ce qu'on porte en soi... notre vraie nature.

Luka resta silencieux. Ses yeux brillants fixaient un point invisible devant lui. Il sentit un frémissement dans sa poitrine, quelque chose comme une vérité qui goûtait bon. Une vérité qu'il avait toujours su... mais qu'il n'avait jamais su nommer.
Il inspira profondément, comme si l'air autour de lui était devenu plus vaste, plus vivant.

La voix vibra, plus douce encore :

— *Es-tu venu te déposer ici, petit homme ? Je le sens dans ta respiration. Le bruit du monde peut faire croire qu'il est plus réel que le silence...*

Mais ce n'est pas toujours vrai.

Le vieil arbre ajouta, comme si les mots flottaient entre deux souffles de vent :

— *Ce que tu cherches ici est peut-être plus grand que tu ne le crois, petit homme...*
Même si tu ne le sais pas encore.
Tu n'as pas besoin de tout comprendre maintenant.
Marche. Respire. Ressens. Écoute.
Le reste viendra.

Luka ferma les yeux un instant. Il sentit le calme s'infuser lentement, partout en lui, comme une chaleur tranquille. Effectivement, il ne comprenait pas encore tout... mais il sentait, au fond de lui, que quelque chose de précieux venait de commencer.

Chapitre 12

Une discussion hors de l'ordinaire

Après un moment à se laisser bercer par le calme de la forêt, Luka ouvrit les yeux, les sourcils froncés, un sourire incrédule aux lèvres :

— *D'accord… donc j'entends un arbre parler, là ? C'est bien ça ?*

— *Oui, Luka.*

— *Euh… et tu connais mon nom ?*

—Je te connais, Luka... parce que tu fais partie de la nature, du grand tout.

— Euh... là, je suis un peu perdu.

— Recommençons du début, petit homme, reprit l'arbre avec un rire dans la voix. *Je me présente. Je suis Nilmer, Arbre-Sage, Chêne centenaire, Gardien de cette forêt depuis des générations.*

Luka sourit.

— Enchanté, Nilmer. Moi, je suis Luka Lagrandeur-Woodson. Et j'habite à quelques kilomètres par là... dans le village près de la rivière. Enchanté de faire ta connaissance.

Il ne savait pas pourquoi, mais dire cela à voix haute lui avait fait du bien. Comme si, pour une fois, son identité ne se réduisait pas aux cris du matin, à être le jumeau d'Alexis, aux notes scolaires, ou à ce que les autres attendaient de lui. Il était juste... lui.

Nilmer resta silencieux un instant. On aurait dit que le Vieux Chêne écoutait bien plus que les mots. Le vent se glissa entre les branches, comme si le silence portait une réponse invisible. Luka regarda autour de lui, les racines, les feuilles, le calme de la nature. Tout semblait tellement paisible, relié, en accord.

— Ton cœur parle fort, Luka. Et tu as l'âme des enfants qui écoutent encore la nature.

Luka regarda les branches de l'Arbre-Sage valser, comme s'il tentait de comprendre ses mots.

Au même moment, il entendit un son connu retentir : *—Kri-kri-kri-kri ! Trrrrrrt ! Trrrrrrt ! Kri-kri-kri-kri ! Trrr-Krrrrr-KRRRIII !*

L'écureuil réapparut sautant de branche en branche. Le jeune garçon se leva d'un bond, le cœur rempli de joie. Il recula pour faire de la place au petit rongeur. Ce dernier s'approcha doucement, jusqu'au pied de l'arbre.

— *Hé, on se connait nous deux !* souffla Luka pour ne pas effrayer la petite bête...

Pas de doute, c'était bien lui. Luka reconnut aussitôt la tache blanche au sommet de sa tête... et cette oreille un peu déchirée, comme une vieille carte froissée. Il sourit, touché. Il n'imaginait pas retrouver ce compagnon poilu ici.

Luka l'observait, le sourire fendu jusqu'aux oreilles, comme lorsqu'on retrouve un vieil ami. L'écureuil grimpa sur une branche basse, croqua un gland, puis redescendit prudemment. Il osa s'approcher doucement, encore, et encore. Il fit le tour des jambes de Luka et monta ses petites pattes sur son pantalon comme pour lui dire bonjour. Il semblait de plus en plus à l'aise. Après un moment, il fouilla même dans le sac de Luka avec son museau, puis recula avec une noix qui était tombée de son pot.

— *Hé, tu veux partir avec mes noix ? Tu as perdu ta timidité, hein l'écureuil ?* ricana Luka en se rasseyant près de son sac pour sortir quelques noix.

— *Tu vois,* dit Nilmer, *même Niuq-oc te fait confiance.*

— *Niuq-oc ? Quoi, tu connais même le nom des écureuils?*

—*Oui, bien sûr. Ils font partie de la forêt eux aussi.*

Luka sourit. Il passa délicatement sa main sur l'écorce du Vieux Chêne, pensif, tout en regardant l'écureuil grignoter la noix qu'il venait de lui lancer. Sous ses doigts, il sentit une courbe douce dans l'écorce qui ressemblait un peu à un sourire discret, comme si l'arbre se réjouissait avec lui.

— J'ai toujours aimé les animaux... et la nature aussi. Je sens souvent le besoin de les protéger. Comme s'ils étaient aussi importants que les humains. C'est bizarre, hein ?

— *Comme si tu les ressentais ?* demanda Nilmer d'une voix tranquille.

— *Oui, peut-être. Je ne sais pas trop. Il y a des choses qui m'embêtent, mais qui n'ont pas l'air de déranger les autres. Les gens ne comprennent pas. En fait, je ne suis pas certain de comprendre non plus... Je me sens parfois différent de la plupart des gens, comme si je venais d'une autre planète.*

— *Et tu trouves ça bizarre ?* ajouta l'Arbre-Sage.

Luka haussa les épaules.

Nilmer sembla souffler plus profondément. Le feuillage au-dessus d'eux frissonna doucement, comme une caresse invisible.

— *Dis-moi, Luka, crois-tu que tu sois ici pour ressembler aux autres ou pour écouter ce qui vit en toi ?... Ou encore pour t'en souvenir ?*

— *M'en souvenir ?* répéta Luka, sans trop comprendre.

— *Oui. La plupart des humains oublient. Ils oublient la danse des lucioles, la patience des pierres, la force de la lune, la richesse du sol, le murmure du vent... Mais une partie de toi semble se souvenir, même inconsciemment... C'est pour cela que tu portes autant attention aux animaux, aux plantes, à la nature et même aux autres humains.*

À ce moment-là, un mouvement rapide attira son attention. Le petit écureuil s'était approché sans bruit. Il le fixait intensément...

les joues tellement remplies de glands qu'on aurait dit deux balles de golf prêtes à éclater.

— *Euh... salut, toi,* murmura Luka. *T'as fait des provisions pour cinq hivers, ou quoi?*

En guise de réponse, l'écureuil bondit soudain sur une branche au-dessus de lui, puis se retrouva tête en bas, les pattes agrippées au bois, le regard bien planté dans celui de Luka.

Instinctivement, Luka leva les mains en dessous de lui, comme pour le rattraper s'il glissait.

— *Hé ! Fais pas ça ! Tu vas tomber !*

L'écureuil cligna des yeux... et poussa un minuscule bruit moqueur. Puis, il repartit en zigzag, comme si de rien n'était.

Luka baissa les mains, souriant malgré lui.

Nilmer laissa courir une onde douce dans ses branches, presque comme un rire discret.

La voix de l'Arbre-Sage se fit plus douce encore :

— *J'ai l'impression qu'une partie de toi se sent responsable de protéger la vie. Je me trompe ?*

Luka sentit une chaleur étrange monter dans sa gorge. Le fait que des mots soient enfin mis sur ce qu'il ressentait lui faisait du bien. Cette émotion douce mais un peu trop grande faisait monter des larmes à ses yeux. Il se sentait entendu, vu, vraiment compris. Et ça ne lui arrivait pas souvent.

Il ne savait pas s'il avait envie de sourire... ou de pleurer. Peut-être les deux. Les émotions semblaient se mélanger, danser en lui.

Comme pour faire une pause, tenter de comprendre ou laisser tout ça se déposer, il sortit son carnet. Il y dessina rapidement une plume, puis un écureuil, et un nid avec des oisillons, ce n'était pas son plus beau dessin, mais ce n'était pas très grave, ça lui faisait du bien.

— *Quand je suis trop plein, trop mêlé... je dessine ou j'écris dans mon carnet. Ça m'aide à me comprendre*, murmura-t-il.

Nilmer resta silencieux, mais une branche remua doucement, comme pour approuver. Au-dessus de ses croquis, le jeune garçon écrivit des phrases qui résonnaient de sa discussion avec le Vieux Chêne :

Les animaux et la nature sont importants pour moi. J'ai envie d'en prendre soin.

Quand y'a trop de bruit dans ma tête, ici, dans la forêt, je peux venir m'écouter et je sens que j'ai le droit d'y être moi-même.

Peut-être que je m'éveille... à quelque chose que je savais déjà ?

— *Tu as peut-être raison, Nilmer. Tu vois, ce matin, par exemple, un énorme papillon de nuit est entré dans notre maison. Mon frère a eu peur, il déteste les bébittes qui volent. Il criait, paniquait, et mon grand frère voulait écraser le papillon. Moi, je l'ai attrapé doucement et je l'ai remis dehors. Je ne voulais pas qu'il le tue. Le papillon ne faisait de mal à personne. Mais quand je fais des choses comme ça, parfois, les gens me trouvent bizarre...*

Un silence flotta doucement, puis Luka ajouta :

— *Et tantôt, j'ai trouvé des oisillons tombés de leur nid. Je ne pouvais pas seulement passer à côté et les laisser là, sans les aider. Même si la mère protectrice m'attaquait, et qu'elle m'effrayait, j'ai fait du mieux que j'ai pu.*

Il marqua une autre pause avant de poursuivre :

— *J'ai souvent l'impression d'être différent. Un peu perdu. Pas différent comme mon frère, mais différent quand même.*

Il haussa les épaules. Le chêne l'écoutait avec attention.

— *J'ai souvent la tête dans les nuages... comme me disent les adultes,* ajouta Luka en levant les yeux vers le chêne centenaire. *J'ai l'impression de ne pas savoir où est ma place. J'ai souvent peur d'être trop... ou de trop. Pas assez ou pas comme il faut. Mais ici, je me sens juste... moi.*

L'Arbre-Sage resta silencieux un moment, comme pour laisser déposer ces mots. Puis, il répondit avec calme, presque comme une évidence :
— *Être soi-même, c'est comme suivre une direction intérieure. Ce n'est pas toujours celle que les autres suivent ou qu'ils aimeraient qu'on suive. Mais elle est juste. Même si elle fait parfois peur.*

Luka baissa les yeux, pensif, puis releva la tête, les yeux grands ouverts et murmura :

— *Il me semble que... j'ai déjà entendu quelque chose comme ça.*

Mon grand-père disait qu'on avait une boussole à l'intérieur, ou un truc comme ça.

Il réfléchit encore un instant.

— *Il disait quelque chose comme : « Écoute en toi, tu trouveras ta direction. »*

L'enfant fouilla dans une pochette de son sac à dos et en sortit alors une vieille boussole. Il la prit dans ses mains, passa doucement ses doigts sur le métal texturé et l'ouvrit.

Elle brillait. L'aiguille pointait fermement vers le Nord. Elle était tiède au creux de sa paume.

Nilmer resta silencieux, mais une branche remua doucement au-dessus de la tête de Luka, comme si le Vieux Chêne observait avec tendresse les pensées du garçon.

Chapitre 13

Le souvenir du lac silencieux

Le regard de Luka s'était perdu dans l'aiguille brillante de la boussole. Elle vibrait encore doucement dans sa paume. Et tout à coup, comme une page longtemps pliée dans sa mémoire, un souvenir remonta doucement à la surface.

C'était un matin d'été, quelque part entre les pins et un ciel encore tout embué. Luka se revit, plus jeune, il devait avoir environ huit ans. Il était assis à l'avant d'un vieux canot de bois, ses doigts frôlant la surface de l'eau. Le soleil se levait sur un lac brumeux, le ciel était d'un ton rosé magnifique. Bien installé à l'arrière, solide et silencieux, son grand-père pagayait doucement avec ce mouvement ample et tranquille qu'il semblait avoir appris de la nature elle-même. Son large chapeau d'aventurier lui donnait un air de vieux guide du Nord. Ses mains étaient noueuses, solides et pleines de chaleur.

Ils n'avaient presque pas parlé ce matin-là. Juste la nature, leurs respirations, le chant lointain d'un huard et le lac calme, comme un miroir.

— *Regarde bien autour de toi, Luka. C'est le genre de matin que tu n'oublies pas,* avait-il dit.

Ils avaient accosté sur une plage perdue. Là, ils avaient allumé un feu. Le grand-père avait sorti une vieille cafetière cabossée pour lui et une tasse de jus de pomme chaud pour son petit-fils.

Assis sur une roche, Luka grignotait une galette à la mélasse, celle que préparait si bien sa grand-mère. Il se disait, entre deux bouchées, qu'il adorait ces moments passés avec son grand-père. Des instants simples… mais précieux. Pendant ce temps, son grand-père farfouillait dans son vieux sac de cuir. Il en avait sorti un paquet enveloppé dans un tissu bleu foncé.

— *Tiens, mon grand. J'ai quelque chose pour toi.*

Le jeune garçon avait tendu les mains, curieux.

Son grand-père, assis près du feu, avait pris le tissu noué. Il l'avait placé avec soin dans les paumes du jeune garçon.

Luka avait sondé les yeux de son grand-père, le regard interrogatif. Il avait défait le nœud lentement… et découvrit une boussole. Ancienne. Magnifique. Avec des gravures fines dans le métal. Une aiguille délicate, presque vivante, dansait doucement dans une capsule de laiton légèrement ternie.

— *C'est mon grand-père qui me l'a offerte quand j'avais environ ton âge. Et c'est son grand-père qui la lui avait donnée. Oohhh, elle a du vécu, Luka, cette boussole,* avait-il dit en secouant la tête.

Luka, captivé par ses mots, regardait son grand-père attentivement. Ses lèvres arboraient un léger sourire.

— *Elle est à toi maintenant,* avait dit son grand-père. *Prends-en grand soin. Mais attention… ce n'est pas une boussole ordinaire.*

Son petit-fils avait levé les yeux, intrigué.

— *Elle ne montre pas seulement le nord. Elle peut t'aider à retrouver ton propre nord. Celui qu'on ne voit pas… mais qu'on sent, ici,* avait-il ajouté en touchant son cœur.

— *Mon propre nord ?* avait demandé Luka, un peu confus.

Son grand-père avait souri. Un sourire profond, comme s'il cachait un secret.

— *Quand tu es perdu… quand tu doutes, ou que tu ne sais plus ce qui est bon pour toi… tiens-la dans ta main.*
Prends le temps de te poser. Ressens. Écoute en toi.
Pas avec tes oreilles, mais avec ton cœur. Tu trouveras ta direction.
Cette boussole a son propre langage. C'est à toi maintenant de le découvrir.
Un jour, ça deviendra plus clair pour toi…

Luka n'avait pas tout compris, mais il avait hoché la tête. Depuis, il gardait cette boussole dans son sac, comme un héritage précieux. Avec le temps, ce geste était devenu une habitude, sans qu'il pense vraiment aux paroles de son grand-père… jusqu'à ce jour-là.

Il revint doucement de ce souvenir encore vibrant, comme s'il venait tout juste de naître, les doigts ancrés autour du métal tiède. Elle semblait plus chaude, presque vivante.

Ce que l'Arbre-Sage avait dit… résonnait étrangement.

« *Suivre sa direction intérieure.* »

Il ferma les yeux. Les mots de son grand-père flottaient dans sa mémoire, mêlés à ceux du Vieux Chêne. Sa gorge était serrée, pleine d'une émotion douce et profonde.

— *C'est étrange*… murmura-t-il. *Ce que tu viens de dire, Nilmer, ça ressemble vraiment à ce que mon grand-père m'avait dit quand il me l'a offerte.*

L'arbre resta silencieux un instant, puis dit simplement, avec lenteur :

— *Ce qui est vrai résonne toujours comme un écho. Même à travers le temps.*

Un léger vent fit frissonner les feuilles tout en haut. L'écureuil, encore présent mais silencieux, émit un son, comme pour approuver.

Chapitre 14

Le festin secret de la forêt

Luka était toujours assis au pied du grand chêne, les doigts serrés autour de la boussole. Les paroles de son grand-père flottaient encore dans sa tête, comme un souffle ancien qui réchauffait son cœur.

Et un drôle de bruit se fit entendre : *Grrrrruouuu...*

Son ventre émit un gargouillement sonore. Il fronça les sourcils, puis éclata de rire, un peu gêné.

— *Je crois que mon estomac essaie de me parler, lui aussi,* lança-t-il dans un petit rire, en posant la main sur son ventre.

Les branches du Vieux Chêne dansaient lentement, comme s'il hochait la tête.

— *Il est vrai que tu as beaucoup marché, ressenti, écouté. Il a besoin de force, lui aussi,* murmura Nilmer. *Il est temps pour toi de nourrir aussi ton corps.*

— *Ouin... mais j'ai presque tout mangé mes collations. Je crois qu'il me reste quelques noix, si M. l'écureuil ne les a pas toutes mangées.*

— *La forêt a de quoi t'offrir... si tu sais quoi chercher. Au printemps, la nature est généreuse. Elle offre beaucoup à qui prend le temps de regarder, d'apprendre et de respecter.*

Luka se redressa. Cela semblait vraiment plus intéressant que son pot de noix.

— *Tu veux dire... qu'on peut trouver à manger, ici ? Genre... de la vraie nourriture ?*

— *Oh oui ! Mais il faut apprendre à reconnaître. Viens. Laisse-toi guider.*

Le garçon se leva, curieux, excité de vivre une nouvelle aventure. Il jeta un dernier regard vers son carnet qu'il avait bien mis à l'abri sous une pierre, au cas où l'envie reprendrait encore à celui-ci d'aller prendre un bain dans la rivière. Il piétina, impatient de découvrir le garde-manger de la forêt.

— *Je suis prêt !*

— *Tu vois le sentier, là-bas, près du grand cèdre ? Tu y trouveras des sapins. Observe-les bien, tu verras qu'ils ont l'extrémité des branches plus pâles. Ces pousses, d'un vert tendre, ressemblent à de petites plumes duveteuses. Tu peux en manger quelques-unes. Elles sont riches, très riches. Pleines de vitamine C et d'antioxydants.*

— *Comme les oranges ?* demanda l'enfant.

— *En fait, bien plus que les oranges. Tu serais étonné de découvrir toute la force nourrissante qui se cache dans ces petits bouts de verdure.*

Luka tout excité, semblait attendre le signal du départ.

— *Va. Observe. Cueille. Goûte. Et reviens,* ajouta le Vieux Chêne pendant que Luka s'éloignait doucement pour commencer sa chasse aux trésors comestibles.

Il croyait partir en quête de nourriture. Mais en vérité, la forêt s'apprêtait à lui montrer bien plus que cela.

Il faisait une chaleur intense pour une journée de printemps. Le jeune garçon sentait ses joues rosir sous le soleil, ses manches collaient un peu à sa peau. Il enleva sa veste pour être plus confortable et l'enfouit dans son sac.

Il arriva enfin devant le petit sentier, à demi recouvert de feuilles mortes, indiqué par Nilmer. Le sol était tiède, presque chaud. Arrivé devant les jeunes sapins, il en observa l'extrémité des branches couvertes de toutes petites pousses d'un vert tendre, encore douces et luisantes comme de minuscules pinceaux. Il en cueillit une et l'examina. Il hésita, puis joua un instant avec les cordons de sa veste, un peu nerveux de manger quelque chose de nouveau. Il regarda en direction de l'arbre centenaire. Il vit de loin les feuilles valser dans le vent. Avec le jeu de la lumière, les branches semblaient lui faire un signe de tête discret, comme si l'Arbre-Sage lui disait : « *Vas-y, je te regarde.* » Il interpréta ça comme un signe d'encouragement.

Le jeune garçon croqua délicatement, pas certain s'il allait aimer ou non.

— *Hummm. C'est bon, en fait ! Croquant, un peu citronné... comme une limonade de forêt,* souffla-t-il.

Luka ferma les yeux pour mieux distinguer les saveurs.

— *On dirait un bonbon à la nature !* ajouta-t-il avec un petit rire.

Il en cueillit quelques autres, en prenant soin de ne pas tout prendre sur un même arbre. Il se souvenait de ce que son grand-père lui avait dit un jour :

« *On cueille avec respect, jamais plus que nécessaire.* »

Puis, il revint en courant vers Nilmer pour lui montrer sa récolte.

— *Regarde, j'en ai trouvé plusieurs ! Tu crois que ça suffit ?* demanda fièrement l'enfant, le sourire fendu jusqu'aux oreilles.

Nilmer éclata de rire.

— *Ahah haha ! Eh bien, il te reste plein de petites brindilles vertes entre les dents ! Est-ce que tu t'en gardais pour plus tard ?*

Luka éclata de rire.

— *Pour vrai ? Dis donc, est-ce que ça me va bien au moins ?* ajouta-t-il en rigolant...

Il se nettoya doucement les dents pour enlever les verdures qui avaient décidé de s'accrocher entre celles-ci.

Nilmer rigola encore un peu, puis regarda la récolte du jeune garçon.

— *C'est un bon début. Maintenant, vois-tu ce sentier, à gauche ? Il mène à une clairière où poussent les pissenlits. Les jeunes feuilles, celles du centre, sont bonnes à manger. Légèrement amères, mais excellentes pour toi. Elles réveillent le corps. Elles offrent aussi une multitude de vitamines et de minéraux. Parfois, il y a aussi de jolies fleurs aux pétales violets et jaunes : les pensées sauvages. Va voir.*

Luka repartit aussitôt dans la direction indiquée, excité de poursuivre sa chasse aux trésors. Le chemin était ensoleillé, bordé de buissons en fleurs. Quelques abeilles bourdonnaient autour de lui.

Les grandes herbes le frôlaient comme pour lui dire de prendre son temps. Et, pour une fois, il avait vraiment envie d'écouter.

Au bout du sentier, il découvrit une petite clairière baignée de lumière où le soleil brillait ardemment et la chaleur se faisait sentir intensément. Le sol était rempli de pissenlits aux feuilles dentelées et, ici et là, de petites fleurs colorées se dressaient fièrement : des pensées sauvages.

Il se pencha pour cueillir quelques feuilles de pissenlit, jeunes et tendres, puis observa une pensée de près. On aurait dit un petit visage, elle semblait presque lui sourire.

— *Toi aussi, t'as l'air bonne.*

Il en cueillit trois, deux pour déguster et une qu'il glissa entre deux pages de son carnet, là où il gardait ses petits trésors : une plume turquoise, une feuille dentelée, des pétales de fleurs sauvages. Puis, il s'apprêtait à remettre son carnet dans son sac quand une tache rose en mouvement attira son attention.

Un papillon minuscule, velouté, couleur framboise et crème de banane, voletait autour d'une pensée sauvage.

— *Rosy maple moth*... souffla-t-il, fasciné.

Il le suivit du regard, puis s'assit dans l'herbe, carnet sur les genoux, crayon en main. Ce papillon ressemblait à un rêve coloré de jaune et de rose.

Il essaya de le capturer d'un trait, avec ses antennes plumeuses et son regard doux.

Il nota en dessous :

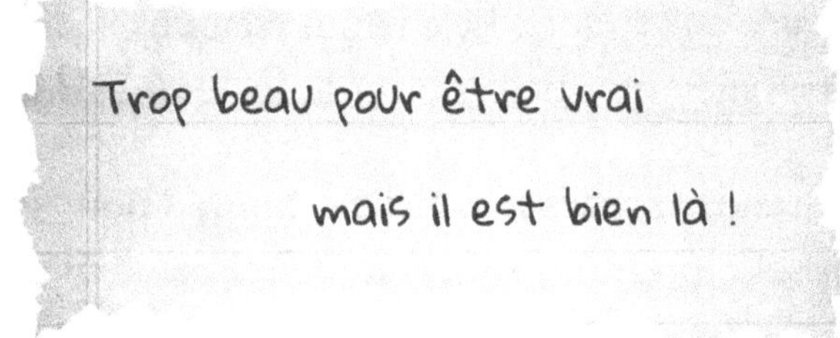

Il resta encore un instant, les yeux posés sur l'insecte qui s'éloignait lentement. Puis, il referma doucement son carnet, inspira l'air humide de cette journée chaude... et se remit en marche, le cœur un peu plus léger.

Nilmer l'attendait, tranquille, au cœur de la clairière.

— *Les pissenlits étaient faciles à trouver, et j'ai aussi ramassé ces fleurs... ça se mange, des fleurs ?* demanda-t-il à Nilmer.

— *Oui. Les pensées sont de petites merveilles. Elles décorent, elles nourrissent et elles apaisent.*

Luka prit une respiration profonde, hésitant à prendre sa première bouchée de pissenlit.

— *C'est... un peu bizarre, mais pas mauvais,* dit-il, en mâchant lentement. *J'imagine que c'est meilleur avec un peu de vinaigrette !*

Le chêne laissa entendre un bruissement qui ressemblait presque à un rire.

— *La nature offre sans sauce, mais avec cœur,* précisa l'arbre en ricanant.

Il poursuivit sa dégustation avec la *pensée souriante*.

— *Humm, c'est vrai que ça a un p'tit goût sucré.*

Le jeune garçon s'assit un instant, prêt à savourer le reste de sa cueillette. Mais Nilmer ajouta d'un ton doux :

— *Si tu veux encore compléter ton repas, regarde sous les grandes herbes près des pierres plates... tu pourrais y trouver des racines de livèche. C'est une racine comestible. Pas très grosse, mais savoureuse. Leur goût te plaira.*

Luka repartit, un peu en sueur. Il longea un petit sentier moussu, leva les yeux vers les rayons dorés qui filtraient à travers les branches. Il aimait ces allers-retours, cette sensation que la forêt l'invitait, un trésor à la fois.

Sous une touffe d'herbe, à l'ombre d'une pierre, il trouva la plante que Nilmer avait décrite. Il écarta un peu la terre avec ses mains, en sortit une racine beige, fine et légèrement noueuse.

Il en coupa un petit morceau avec son canif, le frotta contre sa veste pour enlever le plus gros de la terre. C'est alors qu'il entendit des sons, un peu comme des voix. Lointaines. Douces. Presque un murmure. Il tendit l'oreille de façon encore plus attentive afin de discerner ces bruits.

Il tenta de regarder au bout du chemin, vers le Vieux Chêne.

— *Nilmer ?* interrogea-t-il, incertain.

Mais aucune réponse ne vint. Il n'y avait personne. Seulement le bruissement léger des feuilles dans le vent. Une mésange qui sautilla sur une branche. Un rayon de soleil qui dansait sur un tronc moucheté de lichen.

Il attendit. Rien d'autre.

Il poursuivit sa cueillette, puis, intrigué, revint vers le l'Arbre-Sage.

— J'ai entendu des voix. C'était toi ? Tu m'as appelé ? demanda-t-il.

Nilmer laissa le vent faire frémir doucement ses feuilles.

— Je ne t'ai pas appelé, Luka.

Le jeune homme fronça les sourcils. Il haussa les épaules.

— C'était peut-être... juste le vent. Ou mon imagination.

Il n'insista pas, mais un goût étrange resta en lui, comme une sensation de mystère au creux de la poitrine.

Il revint à ses fameuses racines.

— Regarde, j'ai trouvé la racine !

Il la mit délicatement dans sa bouche.

— Wow... C'est délicieux ! On dirait du céleri, mais en plus doux! Ça sent presque la soupe de mamie.

— Oui, tu as raison, on appelle aussi la livèche : "céleri perpétuel".

Luka sourit en pensant que la forêt avait bien plus à offrir qu'il ne l'aurait cru. Et pourtant... ce n'était pas encore terminé.

Chapitre 15

Goûter de sagesse

Alors qu'il s'apprêtait à retourner s'installer pour manger, Nilmer ajouta :

— *As-tu envie d'un petit trésor... pour compléter ton repas ?*

— *Un autre ?* demanda Luka, curieux, allumé.

— *Les mousserons. De petits champignons, ronds et clairs. On en trouve souvent à cette saison, près des endroits humides, entre les fougères ou à l'orée des clairières,* proposa Nilmer.

L'enfant repartit d'un bon pas, le cœur aussi joyeux que s'il partait chercher un dessert. Il longea le bord d'une petite pente moussue, s'écarta légèrement du sentier et repéra un coin plus frais, à moitié ombragé. Juste comme Nilmer l'avait dit.

— Ah, en voilà !

Il s'agenouilla dans la mousse. Devant lui poussaient plusieurs petits champignons. Il en examina un : petit, beige clair, un chapeau bombé et un pied mince.

Il en coupa délicatement quelques-uns avec son canif et le déposa dans une feuille. Mais en cherchant un peu plus loin, il en vit d'autres, semblables mais un peu différent… Leur chapeau était plus luisant, un peu plus orangé, et le dessous semblait différent.

Il hésita.

— Tu as une drôle de tête, toi…

Il décida d'en prendre aussi de ceux-là, pour agrandir son festin.

En revenant, son ventre gargouilla de nouveau. Sans regarder, il pigea dans sa récolte pour prendre une bouchée de champignon.

Une fois de retour au pied du grand chêne, il posa sa récolte de végétaux

— Regarde Nilmer ! Je pense que ce sont bien des mousserons… mais je ne suis pas sûr pour ceux-ci. Ils ont l'air… moins sympathique.

L'Arbre-Sage laissa passer un instant, comme s'il observait en silence. Puis ses branches frémirent doucement.

— Tu as bien fait de les rapporter. Ceux-ci, dit-il en parlant des premiers, sont en effet des mousserons. Légers, doux, un goût de noisette. Comestibles et joyeux.

Puis, à propos des autres champignons :

— Mais ceux-là... on les appelle" hypholome fasciculé". Ils lui ressemblent, mais leur chapeau est plus orangé, leurs lames sont verdâtres et leur goût est plus amer. Ils sont toxiques. Ça ne te tuerait pas, mais tu pourrais être très malade.

Luka écarquilla les yeux. Pendant une seconde, il sentit son ventre faire une petite cabriole.

— Attends... j' ai pris une bouchée tout à l'heure... zut !

Il se sentait tout à coup très bizarre. Il porta une main à son front.

— Je ne me sens pas bien, j'ai chaud...

Puis, à son ventre.

— ... j'ai mal au cœur...

Il respirait trop vite, comme s'il manquait d'air.

— Peut-être que... peut-être que j'ai mangé le mauvais champignon finalement!

Ses yeux s'arrondirent d'inquiétude. Son cœur battait très vite.

— Est-ce que je vais mourir, tout seul, au milieu de la forêt !?

Un souffle rassurant descendit des branches de Nilmer.

— Respire doucement, petit homme, respire. Ton corps va bien.

Il marqua une pause, presque amusé.

— *T'es sûr?*

— *Oui. Regarde la base du champignon que tu as goûté. C'était le mousseron, pas l'hypholome...*

— *Ah ouin ?* ajouta Luka, incertain.

— *Ce que tu ressens... ce sont les effets de ta pensée qui court plus vite que la réalité,* souligna le vieux sage en ricanant.

Luka cligna des yeux. La chaleur qui montait, la boule dans son ventre, la gorge serrée... tout était tellement vrai.

Il s'assit au sol, prit le temps de respirer. Tout semblait se calmer tranquillement dans son corps.

— *Oh...* fit-il, un peu gêné. *Ça se peut, ça ?*

— *Les pensées sont puissantes,* dit Nilmer. *Elles peuvent déclencher de vraies sensations dans le corps, même quand la situation n'est pas réelle ou qu'elle naît simplement de notre agitation intérieure.*

Le jeune garçon souffla longuement, à la fois soulagé et un peu amusé.

— *Hé ben... j'ai failli être malade... à cause de ma tête !*

Nilmer fit doucement bruisser ses feuilles, comme un rire discret.

— *Parfois, on croit que quelque chose en dehors nous fait du mal... alors que ça vient d'une inquiétude ou d'une blessure à l'intérieur. Il arrive qu'on se trompe de cause. Souvent, on pense que c'est le monde autour qui nous rend malades ou nous fait du mal... alors que ce sont nos pensées qui agitent notre corps. Tu viens d'en faire l'expérience, petit homme.*

Luka sourit, les oreilles un peu rougies, gêné de s'être fait berner par ses propres pensées.

— *Bon... alors le mousseron sera encore meilleur maintenant que je sais que je n'ai mangé que le bon !*

Il croqua dans le petit champignon couleur crème en s'assurant que c'était d'abord le mousseron.

— *La nature enseigne la prudence*, dit calmement Nilmer. *Observer les détails, prendre le temps, poser des questions, c'est important et c'est déjà une pousse de sagesse.*

Soulagé, un sourire étira les lèvres de l'enfant. Il prit le temps de le déguster.

— *C'est vrai qu'il est bon et que ça goûte un peu la noisette !*

— *Tu as bien observé, bien cueilli. Tu peux maintenant manger ta cueillette*, confirma Nilmer avec une tendresse dans la voix.

Luka laissa échapper un petit sourire, en pensant un instant à Alexis qui aurait sûrement fait la grimace et refusé de goûter à toutes ces belles trouvailles.

Il s'installa au pied de son nouvel ami le Vieux Chêne, dans la chaleur presque écrasante de début d'après-midi. Sur une grande feuille d'érable, il disposa son festin de nature. Il y déposa toutes ses trouvailles : des pousses de sapin, des feuilles de pissenlit, une fleur de pensée sauvage, des morceaux de racine de livèche, ses petits mousserons de champignons. Il s'assura de lancer au loin les quelques champignons moins sympathiques qu'il avait cueillis afin d'être certain de ne pas les consommer.

Son repas était simple, mais il n'avait jamais rien goûté d'aussi vivant. Il dégusta chaque chose lentement, prenant le temps de savourer les textures et les saveurs. Le soleil lui chauffait les bras, son derrière se reposait sur le sol tiède, et tout autour, la forêt bruissait de vie.

Chaque bouchée semblait réveiller quelque chose en lui, comme si son corps reconnaissait la forêt.

— *Merci*... murmura-t-il, autant à Nilmer qu'à la forêt tout entière.

L'Arbre-Sage ne répondit pas tout de suite. Il laissa planer un silence profond, paisible. Puis délicatement, il dit :

— *Celui qui se nourrit du vivant, avec gratitude, se relie à ce qui l'habite... à sa nature profonde.*

Le ventre moins vide, le cœur plus rempli, Luka esquissa un sourire avant d'ajouter :

— *Je ne croyais pas que la forêt cachait tant de trucs à manger* !

— *Et cela n'était qu'un échantillon, petit homme. La nature, quand on la respecte, offre toujours plus qu'on ne s'attend.*

Il resta là un moment, les sens en éveil, à observer les couleurs, les sons, la vie abondante qui bougeait tout autour... Comme si tout semblait avoir sa place.

Et sous les feuilles dansantes, des oiseaux chantaient gaiement au loin. Ces mélodies venaient jusqu'à lui, entremêlées de cris d'écureuils qui se disputaient dans les arbres. Le jeune garçon comprit qu'il était en train de goûter à bien plus qu'un repas.

Il nota mentalement que ce genre de moment méritait une page spéciale dans son carnet...

Chapitre 16

L'équilibre des choses

Luka dégustait encore ses trouvailles de la nature, au pied du Vieux Chêne, le ventre un peu moins creux et presque rassasié. Il savourait encore une racine sucrée quand il s'étira longuement, les bras au ciel, en soupirant :

— *Aaaaah... C'est tellement beau, la nature !*

Tout autour de lui semblait vivant, vibrant. Le soleil dansait à travers les feuilles, les oiseaux échangeaient des appels joyeux, et la rivière, en contrebas, glissait lentement entre les rochers. Et ce calme...

Au même moment, une libellule bleutée passa au-dessus de l'eau, en zigzaguant avec grâce.

— *Wow ! Regarde, Nilmer ! Elle est magnifique... on dirait qu'elle brille !*

L'enfant la suivit des yeux. Elle semblait flotter, légère comme une plume, avant de plonger d'un coup pour attraper de petits moucherons au vol.

— *Hé ! Elle mange, elle aussi !*

Le Vieux chêne ne répondit pas tout de suite, mais un bruissement léger dans ses branches montra qu'il écoutait.

Luka sourit, puis un mouvement attira son attention. Il pencha la tête sur le côté et observa une étrange silhouette qui descendait doucement devant ses yeux, suspendue à un fil invisible.

Une grosse araignée noire et poilue s'approchait lentement, comme pour lui dire bonjour. Quand il reconnut la bestiole, le jeune garçon sursauta et recula d'un coup, les épaules frissonnantes. Il tripota nerveusement ses doigts.

— *Beurk ! Ça, j'aime moins ça. Beeuh... dégoûtant... j'aime vraiment pas les grosses araignées...*

Il fit un mouvement de main pour l'éloigner, mais Nilmer prit la parole d'une voix calme.

— *Tu la trouves désagréable... parce qu'elle te fait peur, ou parce qu'elle te dégoûte ?*

Luka hésita.

— *Un peu des deux... C'est pas comme une libellule. Elle, elle est rapide, belle, légère. L'araignée, elle, elle a plein de pattes et des yeux bizarres, du duvet, et quand elle bouge... beurk...*

Un silence doux s'installa. Puis, le Vieux Chêne reprit.

— *Et pourtant, toutes deux mangent des insectes. Toutes deux maintiennent un équilibre : la libellule dans les airs, l'araignée sur sa toile. Sans elles, les moustiques prendraient beaucoup de place.*

Luka observa l'araignée, qui remontait lentement vers une branche, comme si elle avait compris qu'elle n'était pas la bienvenue.

— *Tu veux dire... qu'on a besoin d'elles ?*

— *Pas seulement d'elles, petit homme. De tout. Chaque plante, chaque animal, chaque pierre, chaque goutte. Même ce que les humains trouvent laid, inutile ou inquiétant. La nature ne laisse rien au hasard. C'est un équilibre, délicat, parfois invisible... mais essentiel.*

Luka regardait Nilmer, attentif à ses paroles.

— *La vie obéit aux lois d'un équilibre délicat. Si tu veux vivre en harmonie avec elle, il te faut comprendre et apprendre à respecter chaque créature, de la fourmi qui rampe au cerf qui bondit.*

L'enfant resta silencieux. Il repensait à toutes les petites bêtes qu'il avait voulu éviter ou ignorer.

— *Alors... même les moustiques ? Même les vers ? Même les fourmis?*

— *Tous jouent un rôle. Peut-être que tu ne le comprends pas encore, mais la nature, elle, sait. Elle veille. Et quand on apprend à l'observer... vraiment observer... on commence à voir la beauté même dans ce qui nous dérange.*

Luka regarda à nouveau autour de lui et glissa les doigts dans les feuilles mortes, un peu humides.

Une forme minuscule se déplaçait lentement : une petite larve blanche à tête noire, tapie dans l'ombre d'une racine. Plus loin, un cloporte gris roulé en boule reprenait lentement sa forme de tatou miniature. Une minuscule punaise orange escaladait le dos d'un champignon comme un alpiniste déterminé. Un perce-oreille s'échappa sous une écorce fendue, et un minuscule mille-pattes, brillant et souple, ondulait joyeusement entre les racines, comme un spaghetti vivant.

L'enfant les suivait tous du regard, fasciné. Il sortit discrètement son carnet. Nilmer ne disait rien, observant le jeune garçon.

Luka dessina en silence, le cœur tranquille, entouré de cette minuscule foule invisible... qu'il voyait enfin. Il écrivit :

Même les plus petits
êtres ont leur place ici.

Il regarda de nouveau et vit une fourmi solitaire transportant un fragment d'aile d'insecte plus gros qu'elle, une abeille s'approcher d'une fleur, une grenouille sauter dans l'eau. Chacun avait sa place et tout semblait relié.

— *C'est fou... Je n'avais jamais vu ça comme ça.*

— *Tu commences à regarder avec le cœur,* murmura l'Arbre-Sage.

Le jeune garçon posa une main contre l'écorce du grand chêne.

Sous sa paume, les reliefs du bois dessinaient une courbe douce, un peu comme une joue ridée, et juste au-dessus, deux creux lui rappelèrent des yeux qui veillaient sur lui.

— Merci de me l'avoir montré...

Tandis qu'il observait silencieusement la rivière qui serpentait au pied des racines, d'un air pensif, quelque chose attira soudain son regard.

Là, dans un petit tourbillon d'eau, coincé entre deux roches, flottait un minuscule objet.

Luka plissa les yeux pour mieux voir.

— Mais... est-ce que c'est... c'est mon bateau ! J'en crois pas mes yeux ! Pour vrai ?!

Il se leva d'un bond, enjamba les racines noueuses et descendit hâtivement les grandes pierres plates qui bordaient la rive.

Le petit bateau qu'il avait fabriqué ce matin — celui qu'il avait laissé filer à la surface de la rivière, sans trop y penser — tournait doucement sur lui-même, comme s'il l'attendait.

— Oh wow... je l'avais presque oublié, murmura-t-il. *Je ne pensais jamais le revoir. Je ne pensais même pas qu'il allait flotter aussi longtemps !* dit-il, amusé.

Luka le récupéra avec soin. Il était trempé, mais encore intact. Par contre, quelque chose avait changé...

Il fronça les sourcils. La pierre qu'il avait déposée à l'intérieur, remplie de ses tourments, n'y était plus.

À sa place, délicatement coincée entre deux morceaux d'écorce, reposait une plume blanche.

Il la prit entre deux doigts. Elle était douce, soyeuse et vibrait légèrement sous la brise.

Il regarda la plume, pensif. « *La pierre est partie... et la plume est là. C'est comme si... quelque chose de plus léger avait pris sa place* ».

Il se mit à rire incrédule et émerveillé à la fois.

Il regarda autour de lui, les yeux brillants.

— *C'est fou... Quelles étaient les chances qu'il vienne jusqu'ici ?*

— *La vie est pleine de surprises,* dit doucement Nilmer.

L'enfant releva la tête. Le Vieux Chêne derrière lui poursuivit, sur un ton calme :

— *Parfois, ce qu'on laisse aller revient vers nous... quand c'est le bon moment. D'autres fois, cela nous apprend simplement à laisser aller, à créer de l'espace pour autre chose ou encore à faire confiance. Tu sais, petit homme, il y a un équilibre dans tout cela, même lorsqu'on ne comprend pas.*

Luka serra le petit bateau contre lui, comme un trésor revenu du courant, puis leva les yeux, pensif.

— *C'est comme si... la rivière avait pris soin de lui pendant que moi, je faisais autre chose.*

— *Exactement,* répondit l'Arbre-Sage avec un sourire dans la voix. *La vie a parfois sa propre façon de soutenir ce qui compte. Même quand on n'y pense plus.*

L'enfant revint près du Vieux Chêne, sortit son carnet, le petit bateau posé à côté de lui.

Il nota simplement :

Parfois, ce qu'on laisse aller revient à nous... autrement.

Et parfois, c'est quelque chose d'encore plus doux qui prend sa place.

Il ajouta un petit dessin du bateau, entouré de vagues et de mousse.

Soudain, le vent se leva doucement. Une fraîcheur passa sur sa peau.

Il leva les yeux.

Là-haut, le ciel s'était voilé. Un nuage plus sombre flottait tranquillement. La lumière changeait, subtilement. L'air devenait plus dense... comme si quelque chose de nouveau s'approchait.

— *Oh... Nilmer... Tu crois qu'il va pleuvoir ?*

Mais l'Arbre-Sage resta silencieux, comme s'il attendait.

Et au loin, un premier grondement discret résonna.

Chapitre 17

Une averse pas comme les autres

Luka venait à peine de gravir les roches pour revenir au pied du Vieux Chêne quand il sentit un frisson. Il leva les yeux. Le ciel, qui était tout à l'heure d'un bleu pâle, s'était maintenant chargé de nuages gris aux bords gonflés.

Un grondement roula dans le ciel, comme un grand tambour. Il entendit les clapotis de la pluie chatouiller les arbres et le sol, un peu plus loin. Le son se rapprochait de plus en plus.

— *Oh non... pas de la pluie ?!*

Il se leva d'un bond, ramassa son carnet, le fourra dans son sac, puis regarda autour de lui. Il courut vers un petit sapin aux branches denses et basses, à quelques pas de lui. Il s'y glissa comme il pouvait, les bras sur la tête. Juste à temps. Des gouttelettes commencèrent à tomber — d'abord quelques-unes, grosses et lourdes, lentement, puis avec une cadence de plus en plus rapide.

Ploc... ploc... ploplop... ploploplop !

— *Super. Je vais être trempé comme une soupe...*

Il soupira, agacé, le dos plié sous les branches du sapin. Il fit une grimace et tenta de serrer son capuchon sur sa tête.

Il grogna, puis soupira, découragé. Il tenta de se rappeler ce que sa mère lui avait déjà dit quand il se sentait dépassé :

« Ferme les yeux, sens ton souffle... imagine que tu inspires la lumière, et que tu expires de lourds cailloux. »

Il ferma les yeux. Respira. Encore.

Ça ne chassait pas les nuages ni les gouttes. Mais ça calmait un peu la tempête qui commençait à rugir à l'intérieur de lui...

La pluie s'intensifiait, encore. Il n'appréciait pas du tout, mais se sentait un peu moins frustré.

Derrière lui, un léger bruit de bois craqua. Un petit rire discret. Luka tourna la tête. Nilmer semblait légèrement secouer quelques feuilles, comme si une brise curieuse les faisait frissonner.

— *Tu trouves ça drôle, toi?*

Un rire plus franc, grave et joyeux, s'échappa du vieux tronc, comme un murmure dans le vent :

— *Huhuhu... Quelle drôle de danse, petit homme.*

Luka redressa la tête, surpris.

— *Euh, tu trouves que j'ai l'air de danser ?* rétorqua-t-il d'un ton sec, un peu vexé.

— *Dis-moi, Luka,* ajouta Nilmer d'un ton plein de tendresse, *pourquoi te caches-tu ? Crois-tu vraiment nécessaire d'éviter la pluie ?*

Le jeune garçon ouvrit la bouche, restant bouche bée. Il regarda autour, la pluie, ses manches déjà humides... puis leva les yeux vers le Vieux Chêne.

— *Mais je vais être tout trempé !* grogna l'enfant, les yeux plissés, visiblement encore agacé par cette pluie.

— *Effectivement, petit homme, belle observation, la pluie mouille !* confirma-t-il en riant.

L'arbre avait ce silence complice, celui d'un sage amusé qui en a vu bien d'autres.

— *Il fait tellement chaud, tu ne crois pas que ça pourrait te faire du bien ?*

Luka cligna des yeux. Il réalisa que cette idée ne lui avait même pas traversé l'esprit. C'était simplement une habitude. Il pleut, je fuis. Je me cache.

Il émit un grand soupir, puis il tendit doucement un bras hors du sapin. Il sentit la pluie, tiède, presque douce. Un léger sourire apparut au coin de ses lèvres.

Il tenta de cacher son sac sous le sapin. Ce n'était clairement pas imperméable… mais c'était mieux que rien. Il fit un pas hors de l'abri pour sortir lentement de sa cachette. Des gouttelettes glissèrent doucement sur sa peau, tièdes; d'autres, sur sa joue.

Le sol était tout mouillé et un peu glissant. Les gouttes frappaient la mousse, rebondissaient, formaient des perles sur les feuilles.

Il leva doucement ses yeux plissés et tendit le visage vers le ciel.

Nilmer ajouta, d'un ton tranquille :

— *Permets-toi de la sentir… plutôt que de la fuir.*

Plik. Plak. Plic. Poc, ploc, ploc… Les gouttes chatouillaient sa peau, coulaient sur son front, dans son cou.

Il ferma les yeux. Chaque goutte frappait sa peau comme une note, un rythme que son corps apprenait à écouter. Il réalisait que même ce qu'il croyait désagréable pouvait devenir une belle découverte.

Son souffle se calma. Ce n'était pas si dérangeant, finalement. Il faisait chaud, si chaud, que la pluie, même fraîche, lui faisait du bien.

Il ne fuyait plus. Il sentait. Il avait même envie de pleurer, même s'il ne savait pas pourquoi. Cette présence lui faisait du bien.

La pluie s'intensifia, elle se transforma en une averse puissante, où l'on peut à peine voir à quelques mètres de soi.

Il ouvrit grand les bras, bascula sa tête derrière. Des gouttes entraient dans sa bouche grande ouverte. Elles avaient un goût frais, un peu acide.

Il esquissa un sourire. Puis un rire.

Et soudain, il se mit à courir. Il sentait une joie immense l'envahir.

Il courut autour de Nilmer, glissant un peu sur le sol mouillé, riant aux éclats. Il sautait dans les flaques, faisait gicler l'eau, levait les pieds haut pour éclabousser encore plus.

— *Hahaha ! C'est troooop cooool !* cria-t-il.

Il leva les bras, tourna sur lui-même sous la pluie, les yeux fermés, la bouche ouverte. L'eau ruisselait sur ses bras, son cou, ses cheveux. C'était une sensation magique, qui semblait faire fondre des barrières, les unes après les autres.

Il se laissa tomber dans l'herbe inondée, le dos contre le sol, les bras en croix. Il sentait battre son cœur. Il était mouillé, même très trempé, mais heureux.

La pluie ralentit sa cadence, doucement.

Il se redressa un peu et regarda le Vieux Chêne.

Il pensa à Alexis. La pluie, le bruit, les gouttes sur la peau… il n'aurait pas aimé ça. Il détestait quand ses vêtements étaient mouillés. Luka, lui, trouvait ça dérangeant, surtout au début, mais aussi… magique.

— *Nilmer… t'avais raison,* souffla-t-il. *C'est pas grave d'être mouillé. C'est même… génial !*

Il éclata de rire.

Un frémissement traversa les feuilles du chêne. Un soupir de vent, peut-être. Ou juste… une réponse silencieuse.

Luka retourna chercher son sac et alla s'appuyer, debout, contre le tronc du Vieux Chêne. L'eau ruisselait dans les sillons de l'écorce et, avec le jeu des gouttes, il eut l'impression de voir un vieux visage lavé par la pluie, paisible, comme si Nilmer souriait réellement.

La pluie tombait encore, mais comme une petite bruine, à peine perceptible. L'averse, chaude, brève mais intense, s'était apaisée.

Il essora un peu son t-shirt, s'étira, et s'assit en tailleur.

Quand la pluie cessa complètement, il attrapa son carnet un peu froissé et nota:

Aujourd'hui, j'ai dansé sous la pluie. Et c'était merveilleux !

Il posa le crayon.

Puis, regardant les gouttes glisser sur les feuilles du vieil arbre, il murmura :

— Tu sais, Nilmer, j'aimerais bien que toutes les pluies soient comme celle-là.

— Cela ne dépend que de toi, petit homme, que de toi.

Il s'allongea sur le dos et laissa encore une fois son regard se perdre entre les branches du vieil arbre et dans les dernières gouttes qui tombaient de ses feuilles.

Chapitre 18

Les signes de la vie

Le soleil revenait peu à peu, doucement, comme un sourire après une larme. Les rayons traversaient les branches dégoulinantes, dessinant des éclats de lumière sur les mousses et les rochers.

Luka, trempé mais rayonnant, était bien installé sur le dos, au pied du Vieux Chêne. Il se releva, enleva son chandail mouillé avec un *sploutch*, le tordit comme une éponge et le déposa sur une branche basse.

Juste au-dessus, un renflement du tronc lui évoquait maintenant un nez un peu bossu, ce qui lui donna l'impression d'habiller un vieux personnage de la forêt.

Puis, il fit pareil avec ses chaussettes. Elles s'étalèrent avec un bruit flasque, comme deux grenouilles fatiguées.

— *Vous m'excuserez, messieurs les écureuils,* dit-il en posant son pantalon mouillé sur une autre branche, *je m'installe et me réchauffe sous ce merveilleux soleil "caliente" !*

Il s'assit, à moitié enroulé dans sa veste presque sèche.

Il prit quelques instants pour écrire dans son carnet tout ce que cette belle journée lui avait apporté jusqu'à maintenant.

Nilmer resta silencieux un moment, comme s'il observait l'enfant du haut de ses branches. Luka ferma brièvement les yeux. L'air sentait encore un peu la pluie, mêlé à la terre trempée et à l'odeur des sapins.

Puis, une brise chaude se leva au moment où quelque chose de turquoise virevolta dans les airs, attirant son regard.

— *Hein? Encore une plume? C'est une blague ou quoi ?*

Une plume, brillante comme un joyau, venait tout juste de se poser près de lui, sur la mousse encore imbibée de pluie. Elle était d'un bleu profond. Vibrant. Presque lumineux. On aurait dit qu'elle avait été peinte avec le ciel juste avant la nuit.

Ébahi, sans vraiment y croire, Luka la ramassa lentement.

— *Hein, ben voyons, elle ressemble vraiment à celle que j'ai trouvée ce matin !* murmura-t-il, un frisson dans la voix.

Il la fit tourner entre ses doigts, puis glisser pour la sentir contre sa paume. Elle était douce… mais elle semblait porter une force ancienne, comme si elle savait quelque chose. Il sonda le ciel pour voir s'il apercevrait le propriétaire de ce cadeau mystérieux.

« *Bon… là, c'est vraiment étrange* », pensa-t-il.

Il sortit les autres plumes de son sac pour les comparer. Elles étaient différentes sauf la première et la dernière qui étaient presque identiques, l'une plus foncée que l'autre.

— *Regarde comme elles se ressemblent ! J'ai tellement vu de plumes aujourd'hui, c'est vraiment bizarre.*

— *Ce n'est sûrement pas un hasard,* dit Nilmer.

Luka leva les yeux, intrigué.

— *Euh… c'est toi qui m'envoies ces plumes ?* demanda-t-il, perplexe.

Le Vieux Chêne tenta de retenir un rire. Puis, sa voix grave, entremêlée de secousses de rire, s'éleva.

— *Tu crois que les plumes viennent des arbres?* répondit-il avec un brin d'humour. *Voyons, petit homme, ce sont des feuilles qui poussent sur mes branches, pas des plumes.*

Luka secoua la tête en riant.

— *Mais tu n'as pas tout à fait tort, Luka. Les plumes ne viennent pas toujours directement d'un oiseau.*

L'enfant arqua un sourcil en se demandant si l'arbre centenaire se moquait de lui.

— *Ah non? De quoi alors? D'un… écureuil déguisé?* lança-t-il pour blaguer lui aussi.

Nilmer émit un léger souffle, qu'on aurait presque pu confondre avec un rire d'arbre.

— *Ce que je veux dire, c'est que parfois, les signes prennent la forme de ce qui attire ton regard. Une plume, un rayon de soleil bien placé, une pierre en forme de cœur, un mot entendu par hasard, un petit bateau à la dérive...*

— *Oui, ça, c'était vraiment bizarre !* confirma Luka avec de grands yeux qui n'y croyaient pas encore...

Puis, son regard se posa de nouveau sur la plume. Il plissa les yeux, un peu sceptique. La vie lui montrait encore une fois qu'elle avait ses propres façons d'offrir des signes à qui savait les accueillir.

Il resta un moment sans parler en sentant la douceur des barbes fines entre ses doigts.

— *Donc... les plumes, ça serait un genre de message?*

— *Peut-être, ou encore un clin d'œil de la vie. Un rappel que tu n'es pas seul. Que tu es sur le bon chemin. Que la forêt te regarde avec bienveillance. Ou peut-être un simple rappel. Un symbole de ton lien avec ce qui est vivant. Les signes viennent à ceux qui commencent à voir, petit homme.*

Luka garda le silence, assis en caleçon au pied de Nilmer, tentant d'assimiler les paroles du vieux sage. Il n'avait pas vraiment de réponse. Juste une sensation. Un drôle de mélange entre l'étonnement, la joie... et un peu de vertige.

Il serra la plume dans sa main.

— *Tu sais, ce que la nature donne... elle le donne toujours au bon moment,* ajouta l'Arbre-Sage.

Le jeune garçon ouvrit son carnet pour noter cette phrase, avant d'observer de nouveau la plume dans sa main.

— *Et si je ne la voyais pas? Si j'étais trop occupé, que je pensais à autre chose ou que je passais à côté ?*

— *Alors, elle attendrait. Jusqu'à ce que tu sois prêt. Les signes ne forcent jamais. Ils apparaissent, et disparaissent si on les ignore. Mais ils reviennent toujours, d'une manière ou d'une autre.*

Un sourire se dessina sur les lèvres de l'enfant.

— *C'est un peu comme un copain timide ?* demanda-t-il.

— *Ou un enseignant discret,* ajouta le Vieux Chêne.

Il leva la plume, la fit miroiter au soleil, la tournant entre ses doigts. Elle captait la lumière comme une douce flamme qui brillait.

— *Et qu'est-ce qu'elle veut me dire, celle-là ?*

— *Eh bien, je ne peux pas tout traduire pour toi, petit homme. Ce qui compte, c'est ce que toi, tu ressens quand tu la vois. Est-ce que ton cœur bat plus vite ou semble s'ouvrir? Est-ce que tu penses à quelqu'un ? Est-ce qu'une idée surgit ?*

Luka réfléchit. Il pensa à son grand-père. À la boussole. À la phrase qu'il lui avait dite :

« Il y aura des signes sur ton chemin. Ce sera à toi d'apprendre à les reconnaître. »

Il leva la plume vers le ciel, l'admirant encore du regard.

— *OK. D'accord. Je crois que j'ai compris. Même si c'est un peu bizarre.*

Il la glissa dans son carnet, avec les autres plumes, près du dessin de l'écureuil et de la petite phrase qu'il avait écrite plus tôt. Puis, après un long silence, il demanda :

— *Nilmer ? Tu crois que les signes, ça peut aussi être des gens ?*

Le grand chêne parut frissonner doucement.

— *Chaque être vivant est une porte. À toi de voir ce qu'il t'invite à découvrir.*

Luka soupira, pensif, son dos contre l'écorce tiède. Il sentit un frisson, comme si cette phrase touchait quelque chose en lui.

— *Petit homme, je peux te poser une question ?*

— *Oui, bien sûr, c'est la moindre des choses, je t'en ai tellement posé aujourd'hui,* répondit l'enfant avec un petit rire discret.

— *Tu n'as pas à répondre tout de suite. C'est une question à laisser germer, comme une graine,* poursuivit Nilmer.

Luka se redressa, intrigué, et hocha la tête, attentif.

— *Je suis prêt.*

Nilmer reprit :

— *Qu'est-ce que tu vois... quand tu regardes avec ton cœur ?*

Les mots flottèrent dans l'air comme une plume en plein vol. Le jeune garçon resta silencieux un instant. Il aurait pu répondre *: « Ben... des arbres ? Une libellule ? Un écureuil ... »*. Des trucs comme ça... mais il sentait que c'était autre chose.

— *C'est... une devinette ?* risqua-t-il.

— *Peut-être. Ou l'entrée d'un nouveau sentier,* répondit Nilmer avec un soupçon de malice. *Ce que tu découvriras en marchant avec cette question te guidera vers ce que tu cherches.*

— *Et qu'est-ce que je cherche au juste ?* demanda l'enfant, un peu perdu.

— *Quand on ne sait pas ce que l'on cherche, c'est un peu plus difficile de le trouver, tu ne crois pas ?* demanda le Vieux Chêne. *Mais la réponse viendra, j'ai confiance.*

Luka, pensif, répéta la phrase en silence. Sa tête ne comprenait pas tout, mais en lui, quelque chose prenait racine, comme une graine en attente de germer.

— *Prends le temps de te poser la question, Luka. Regarde en toi, la réponse y est inscrite, elle n'attend que toi.*

Luka nota doucement :

Qu'est-ce que je vois... quand je regarde avec mon cœur?

Nilmer ajouta :

— *Certains mystères ne demandent pas à être compris, mais à être vécus, un pas à la fois.*

Le jeune garçon referma son carnet, pas encore certain d'avoir tout saisi.

Le vent, plus doux, souffla comme une caresse d’au revoir. Le soleil, revenu après l’averse, faisait briller les branches comme si la forêt entière souriait.

Il resta là encore un instant, le dos appuyé contre l’écorce de son nouvel ami.

Une libellule passa près de lui. Puis une deuxième.

Une nouvelle brise souleva l’air… et une autre plume, rose pâle cette fois, flotta devant son nez avant de se déposer sur son genou.

Il éclata de rire.

— OK, ok, j’ai compris ! J’observe, j’écoute, je suis là… !

Et pour la première fois, il eut vraiment l’impression que la forêt lui parlait directement et qu’elle lui faisait un clin d’œil.

Chapitre 19

Petits voleurs de la forêt

Adossé contre le tronc rugueux et réconfortant de Nilmer, l'enfant savourait encore la douceur du soleil revenu. Quand il leva les yeux, certaines lignes de l'écorce lui apparurent si familières qu'il se demanda comment il avait fait pour ne jamais remarquer à quel point elles dessinaient un visage.

Ses cheveux humides séchaient lentement, ses orteils s'enfonçaient dans la mousse tiède. Il dessinait distraitement dans son carnet, le cœur apaisé.

Il gribouilla des plumes, des libellules, des fourmis, des arbres et encore un écureuil… Puis, il laissa aller son imagination… le même écureuil, mais en maillot de bain rayé ? Peut-être un clin d'œil à lui-même, dansant sous la pluie quelques instants plus tôt. Un souvenir tout frais de son aventure aquatique.

Un petit sourire lui vint, amusé par ce qu'il venait de dessiner.

— *Je crois que ce serait le moment de rentrer à la maison si je veux arriver à temps pour le souper,* murmura-t-il.

Mais à ce moment précis, un craquement léger se fit entendre juste au-dessus de lui. Puis, un froissement. Et… un *plouf-tchak* !

Dans un sursaut, Luka leva les yeux.

Trois petites boules grises et rayées s'agitaient dans les branches hautes de Nilmer. Des ratons laveurs ! Une vraie petite bande de coquins. L'un d'eux avait trouvé un gland, un autre tirait sur des feuilles en se balançant sur une branche. Et un troisième, le plus dodu, semblait l'observer avec une attention étrange.

Luka fronça les sourcils, un peu intimidé.

— *Euh… salut ?*

Le raton dodu pencha la tête. Puis, sans prévenir, il descendit souplement le long d'une branche. Avant même que Luka n'ait eu le temps de dire ouf, il se retrouva juste là… à côté de ses vêtements, étendus dans l'arbre pour sécher. L'enfant se figea en le voyant piétiner son pantalon.

— *Hé ! Non non non… touche pas à… nooon !*

Mais c'était trop tard. Le raton saisit le pantalon entre ses pattes agiles et détala en couinant joyeusement. Luka n'eut pas le temps de réagir. Les deux autres, comme si on leur avait donné le signal, bondirent à leur tour vers les vêtements : l'un attrapa le t-shirt trempé, l'autre… un des bas.

Le jeune garçon sauta sur ses pieds pour tenter de les attraper.

— *Mais… Revenez ici, sales voleurs des bois !*

Les trois ratons disparurent entre les branches avec leur précieux butin. Luka resta bouche bée, debout… en caleçon et veste ouverte. Ses bras levés, mains en l'air de chaque côté de sa tête, semblaient vouloir dire : « *Hein ? Mais c'est quoi ce cirque ?… Sérieusement !* »

Un long silence. Puis, Luka balança la tête en arrière, découragé.

— *On dirait que la forêt t'a adopté pour de bon, petit homme*, résonna la voix de Nilmer, amusée.

L'enfant éclata de rire malgré lui, ayant l'impression que la forêt continuait de l'initier en le dépouillant de ses repères. Il ne pouvait plus rien cacher, maintenant. Littéralement.

— *J'avais remarqué, merci…* , souffla-t-il.

Il leva les yeux vers les grandes branches protectrices de l'Arbre-Sage et dit doucement :

— *Je crois que je vais rentrer maintenant… tout nu, … enfin presque*, annonça Luka, un sourire en coin, en se regardant, un peu découragé, mais amusé en même temps.

Cette journée aura réellement été toute une aventure.

Un vent léger parcourut les feuilles, comme si la forêt riait avec lui.

Chapitre 20

Le cadeau du Vieux Chêne

Luka resta un moment immobile, encore enveloppé par cette chaleur familière autour de lui. Puis, d'un ton un peu mélancolique, il murmura :

— *Tu sais, Nilmer, j'ai passé une merveilleuse journée aujourd'hui et tu y es pour beaucoup. Mille mercis !*

— *Je suis aussi vraiment ravi de t'avoir rencontré, petit homme,* chuchota tendrement le chêne centenaire.

— *J'aimerais bien revenir te voir, tu veux bien ?* demanda le jeune garçon.

— *Bien sûr, ça faisait longtemps que je n'avais pas eu une si belle visite. Ce n'est pas tous les jours que j'ai l'honneur de parler avec un petit homme. Ça me fera plaisir de te revoir et... je serai encore là. Mes racines sont bien ancrées dans le sol, je reste ici !*

— *Oui et ce n'est pas tous les jours qu'un petit homme a la chance de parler avec un arbre,* ajouta l'enfant en riant.

C'est alors qu'un petit craquement se fit entendre au-dessus de lui. Il leva les yeux. Un bout de branche, fin et tordu, se détacha d'une haute branche du Vieux Chêne et tomba doucement à ses pieds.

Luka se pencha et la ramassa.

Elle n'était pas comme les autres. Elle avait un petit quelque chose de spécial. Au centre, un nœud s'était formé dans le bois. L'enfant passa délicatement ses doigts dessus. Ce nœud semblait créer une forme de cœur, discrète, mais bien là.

Sa gorge se serra. Des larmes remplies d'émotions envahirent ses yeux.

— *Merci...* murmura-t-il en levant ses yeux mouillés, vers l'arbre majestueux.

— *Comme ça, tu auras toujours une petite partie de moi avec toi, petit homme.*

Luka glissa la branche dans la poche de son sac, une larme coulant discrètement sur sa joue.

Il savait qu'il devait partir, mais une sensation étrange, comme la peur de perdre quelque chose, semblait tordre son cœur.

— *Tu me parleras encore ?* demanda l'enfant un peu inquiet que ce moment magique ne s'éteigne avec son départ.

Une branche se posa sur l'épaule de Luka, comme une attention réconfortante.

— *Cela dépend de toi, petit, de ton écoute, de ton cœur... pas de moi. C'est à toi de choisir.*

— *Eh bien, tu sais, si c'était juste de moi, je viendrais t'écouter tous les jours ! Pour toujours !*

Et dans un élan rempli de tendresse, le jeune garçon enlaça le large tronc du vieil arbre de ses bras et déposa sa joue contre son tronc rugueux.

— *Oui, je sais petit,* ajouta-t-il, *je sais.*

On entendit le Vieux Chêne rire de bon cœur dans l'écho de la forêt. Le vent souffla et une des branches de Nilmer vint ébouriffer affectueusement les cheveux de Luka.

Un silence discret s'installa, comme un battement de cœur partagé.

Après un moment à savourer ce moment de connexion, Luka lança un dernier regard au feuillage de l'Arbre-Sage avant de tourner les talons vers la forêt.

— *À bientôt, Nilmer. Je reviendrai,* ajouta l'enfant, agitant la main tout en s'éloignant de l'arbre.

— *Je t'attendrai,* petit homme, répondit l'arbre avec une douce chaleur dans la voix. *Je t'attendrai...*

Chapitre 21

Sur le chemin du retour

Luka longeait la rivière sur le chemin du retour, reconnaissant ici et là une pierre moussue, un arbre tordu, une souche familière. Les joues rougies, un peu fatigué de toutes ces aventures, il ne savait pas exactement par où il passait... mais c'était comme si ses pas le menaient.

Le sentier était encore mouillé, les feuilles dégouttaient, doucement.

Il était vêtu de son simple caleçon et de sa veste rouge — qu'heureusement, les ratons n'avaient pas volée —, d'un seul bas et de ses souliers.

Il avançait à pas lents, les yeux dans la cime des arbres et la tête encore dans les nuages, pensant à cette superbe journée. Lorsqu'il regarda au sol pour éviter de s'empêtrer dans une racine, il aperçut un escargot traversant une pierre luisante.

Non loin, un ver de terre s'enfonçait dans la terre et deux fourmis essayaient de transporter un minuscule pétale mauve.

Il s'accroupit, le visage tout près du sol.

Ce n'était pas spectaculaire… mais c'était vivant.

Puis, il vit un deuxième ver de terre, plus gros, qui ondulait lentement à la surface.

Un autre escargot apparut, glissant doucement sur une feuille mouillée, avec sa maison sur son dos. Un autre, plus pâle, le suivait lentement. Puis des dizaines, éparpillés entre les racines et les pierres humides, faisaient leur sortie de la journée.

L'enfant s'arrêta un instant.

— *Ohhh, des petits gluants* !

En s'entendant parler, une image l'effleura, sortie d'un souvenir tendre et un peu flou. Il se revit, tout petit — peut-être quatre ans — marchant sur le chemin de gravier avec sa grand-mère et son frère Alexis juste après une grosse averse. Il aimait passer du temps avec sa Mamie. Elle sentait toujours la menthe et le gâteau à la mélasse et donnait les meilleurs câlins du monde.

Ce jour-là, il s'était penché et avait pointé fièrement du doigt un petit escargot, traînant sa maison sur son dos dans l'herbe longue, sur le bord du fossé.

— *Ohh regarde, mamie ! Un petit gluant !*

Sa grand-mère avait éclaté de rire.

— *Hé bien, Luka, tu as trouvé un beau petit gluant aventurier ! Tu veux l'adopter ?*

Elle avait dit ça en riant, mais Luka avait hoché la tête très sérieusement, arborant un grand sourire, comme si c'était la meilleure idée du monde.

Il se rappelait aussi qu'il l'avait pris dans sa main pour mieux l'observer, tout émerveillé, alors qu'Alexis, lui, refusait de s'en approcher. Il s'était même éloigné à reculons, dégoûté, en disant qu'elle allait lui *baver dessus.*

Depuis ce jour-là, dans la famille, les limaces et les escargots s'appelaient comme ça : *les petits gluants.*

Aujourd'hui encore, quand Luka croisait un de ces mollusques, c'était plus fort que lui : il pensait aux petits gluants. Et à Mamie.

Un léger sourire étira ses lèvres.

Il avait grandi... mais certaines choses continuaient de l'émerveiller, même avec le temps.

Le jeune garçon ouvrit son carnet et dessina en silence un escargot en balade.

Puis, il ajouta, comme en se parlant à lui-même :

— *Après la pluie, c'est leur moment préféré. Le sol est tendre, l'air est doux, c'est humide, c'est glissant, c'est parfait pour les petits gluants... c'est la fête, quoi !*

Il referma son carnet en souriant, puis se redressa. Il reprit sa marche à petits pas, encore absorbé par ces souvenirs... quand tout à coup, il s'arrêta net. Sur une souche, un peu plus loin, quelque chose attira son attention...

— *Mon bas !*

Il était là, posé sur une souche, à quelques mètres de lui, comme un petit drapeau oublié par un explorateur distrait. En s'approchant, il remarqua... qu'il était couvert d'une vilaine bouse d'animal.

— *Beurk... Pas trop tentant de le remettre*, dit-il à mi-voix en grimaçant.

Après l'avoir enfoui dans une pochette de son sac, il continua son chemin, à moitié amusé, à moitié exaspéré. Puis, un peu plus loin, il aperçut un petit mouvement dans les herbes.

— *Mon t-shirt ! Mais... il bouge, tout seul* ?!

Luka s'approcha à pas de loup.

Un lièvre grisonnant s'était glissé dessous comme sous une tente, probablement attiré par l'odeur de mousse séchée. Il sursauta en voyant l'enfant et fila en bondissant, laissant le t-shirt s'échouer, encore gorgé d'eau et d'aventure.

Luka le ramassa en riant.

Presque arrivé à la lisière du bois, il se disait qu'il allait probablement devoir rentrer à la maison sans pantalon, tête haute... ou presque.

Justin allait tellement se moquer de lui !

C'est alors qu'il vit quelque chose d'étrange derrière les fougères : un chevreuil, tranquille, paisible… mais avec son pantalon sur la tête.

Oui, vraiment. Son pantalon, accroché là, comme de grandes oreilles tombantes. On aurait dit un costume de théâtre ou un déguisement forestier pour une fête secrète. Il avait vraiment une drôle d'allure !

L'animal leva la tête et croisa le regard de Luka. Ils se figèrent tous les deux. Puis, sans un mot, le chevreuil fit un pas de côté et s'éloigna en gambadant, le panache plus haut qu'un roi, laissant tomber derrière lui le pantalon sur un buisson.

Luka s'approcha en retenant un fou rire.

— Merci, monsieur le cerf, mode automne-forêt.

Il ramassa son pantalon et le secoua vigoureusement. Il l'enfila tant bien que mal, mais ses jambes collaient comme des serpents mouillés. Il trébucha en le mettant, se redressa, manqua tomber à gauche, tituba à droite, avant de réussir à s'en sortir… victorieux, mais décoiffé.

Il arriva enfin devant la porte de la maison quelques minutes après l'heure du souper, les vêtements encore humides, les joues rougies, les cheveux en bataille, son carnet bien serré contre lui.

Avant d'entrer, il regarda derrière lui. La forêt semblait lui faire un clin d'œil. Il sourit.

Même sans ratons coquins, bouse surprise ou cerf stylé… il savait qu'il y retournerait.

Et que chaque fois, il repartirait avec un peu plus que ce qu'il avait apporté.

Chapitre 22

Le carnet du soir

Luka posa la main sur la poignée, l'autre jouant machinalement avec le cordon de sa veste. Son cœur battait encore un peu vite — pas seulement à cause de la course ni parce qu'il avait failli rentrer en retard, et à moitié nu, mais surtout à cause de... tout le reste. Ce qu'il avait vécu, vu, senti, compris. C'était difficile à expliquer.

Il inspira une grande bouffée d'air. L'odeur du bois humide et du vent chaud flottait encore autour de lui.

Puis, tout doucement, il tourna la poignée et referma la porte derrière lui. *Clac.* Un petit silence. Un sourire. Comme s'il venait de ranger un trésor secret quelque part dans son cœur.

C'est alors que Jack accourut dans le corridor, tout frétillant, sa vieille grenouille baveuse coincée dans la gueule.

Il bondit jusqu'à Luka, la queue battant comme un métronome fou.

— *Salut, toi,* dit Luka en s'agenouillant.

Il caressa son poil doré, qui sentait un peu la poussière et beaucoup l'amour.

— *Tu m'attendais, hein ?*

Jack couina doucement, puis posa sa peluche sur les genoux de son jeune maître, comme une offrande sacrée.

Luka sourit.

— *Toujours cette grenouille... un jour, on devrait lui donner une médaille.*

Dans la pièce voisine, une voix s'éleva.

— *Luka est arrivé pour souper*, dit Alexis d'un ton neutre, sans même lever les yeux de son casse-tête.

— *Ben là, t'étais où ? Tu t'es perdu dans le bois ou quoi?* lança Justin en lui tendant une fourchette pleine de pâtes.

— *Luka... demain, tu pourrais m'aider à finir ma carte aux trésors ? Tu sais, celle avec les dragons et la grotte secrète...* proposa Gabrielle, les doigts encore couverts de peinture.

Luka hocha discrètement la tête, visiblement fatigué de sa journée.

Lily, elle, ne dit rien. Elle se frotta les yeux en baillant, la doudou contre sa joue.

Papa était encore couché sur le divan. Il lui semblait encore plus pâle, un peu plus mince qu'au matin. Leurs regards se croisèrent. Papa hocha doucement la tête quand Luka passa près de lui avec un léger sourire qui semblait dire : content de te voir. Luka lui passa la main dans les cheveux, tendrement, sans avoir besoin de rien ajouter.

Maman, elle, passait d'un enfant à l'autre comme dans un tourbillon, s'assurant que chacun ait tout ce qu'il faut pour être bien.

— *Tu arrives juste à temps,* souffla-t-elle avec un sourire fatigué, mais sincère. *Je commençais à me demander si tu t'étais perdu ! As-tu passé une belle journée ?* Luka lui rendit son sourire, s'approcha et la serra affectueusement dans ses bras.

Maman le fixa droit dans les yeux, le regard rempli de tendresse, comme si le temps s'arrêtait quelques instants. Elle répondit :

— *Moi aussi je t'aime, mon grand,* avant de repartir pour débarbouiller Lily qui était pleine de sauce à spaghetti.

Le jeune garçon hocha la tête. Il n'allait pas raconter sa journée. Du moins, pas tout de suite. C'était comme un jardin secret, ou plutôt... une forêt secrète, rien qu'à lui. Et de toute façon, qui pourrait croire une histoire pareille?

Après le souper, il fila enlever ses vêtements encore humides et prendre une douche chaude. L'eau glissait sur lui comme la pluie de tout à l'heure. Il ferma les yeux.

Il revit les flaques qu'il faisait éclabousser et la lumière à travers les gouttes. Les rires résonnaient encore, comme un écho venu de loin.

Il entendit dans son cœur :

« Danse avec elle, petit homme, laisse-toi mouiller, laisse-toi aller! »

Un sourire s'étira doucement sur son visage. Une chaleur délicate monta en lui jusqu'à lui nouer la gorge. Il se sentait profondément heureux. Ému. Touché. Comme s'il avait vécu quelque chose de rare, qu'il avait reçu un cadeau précieux.

Une aventure simple, mais immense. Et il savait qu'il s'en souviendrait longtemps.

Puis, il mit son pyjama, grimpa dans son lit et s'enroula dans sa couette, épuisé. Avant d'éteindre la lumière, il attrapa son carnet.

Il le feuilleta doucement. Ses pages étaient gondolées, encore un peu humides. Ses notes à moitié effacées, les petites miettes d'aventure collées entre les lignes.

Et là, entre deux pages, il trouva une des plumes turquoise. Il la regarda un moment, sans dire un mot. Puis, il alla à la dernière page et écrivit :

Il s'est passé quelque chose de spécial aujourd'hui.

Quelque chose de magique, de particulier, que je ne veux pas oublier.

Il ne savait pas exactement ce qui avait changé… mais quelque chose en lui semblait plus grand.

Il hésita. Puis, ajouta tout en bas :

Je crois que la forêt
m'attendait…

Et juste avant de fermer les yeux, alors que la nuit se glissait dans sa chambre… Il pensa au Vieux Chêne.

Le carnet, fermé sur sa table de chevet à côté d'un cadre de photo, gardait entre ses pages la trace d'une journée pas comme les autres. Les signes duvetés de la forêt y reposaient, tranquilles. L'Arbre-Sage, là-bas, veillait. Et la forêt… souriait dans l'obscurité.

Mais quelque part, au creux du silence, une question flottait encore :
« *Qu'est-ce que tu vois… quand tu regarde avec ton cœur ?* »

Dans sa chambre, plongée dans l'ombre du soir, Luka dormait maintenant à poings fermés.

Mais cette question planait toujours…

Elle murmurait. Elle grandissait. Elle ouvrait un nouveau chemin.

Ce jour-là, Luka avait découvert bien plus qu'un arbre. Il avait découvert un monde. Et parfois, ce sont les mondes invisibles qui changent le plus nos vies.

Il ne le savait pas encore, mais ce n'était que le début de son aventure…

Merci d'avoir marché un bout de chemin avec Luka

Si cette histoire t'a touché, fait réfléchir, apaisé, inspiré ou simplement accompagné pendant un moment... sache que ton ressenti et ton avis comptent.

Partager un commentaire, une impression ou un mot, c'est une façon simple et précieuse de :

- soutenir les messages du livre,
- aider d'autres lecteurs à le découvrir,
- et faire vivre cet univers un peu plus loin.

Tu peux laisser ton avis sur la plateforme où tu as acheté le livre (Amazon ou autre), ou si tu préfères, directement sur mon site : **BloomAndRiseCreation.com, section Avis.**

Quelques mots suffisent.
Ton expérience est unique et un commentaire sincère est toujours apprécié.

Merci de faire partie de cette aventure !

Je t'invite aussi à t'inscrire sur mon site pour être dans les premiers à être informé de la sortie des prochains tomes !

Et peut-être... à bientôt, pour la suite du chemin.

Emma Dominique

Message symbolique de Nilmer aux lecteurs

« Il fut un temps où les humains écoutaient la nature.
Où les enfants savaient encore parler aux arbres,
et lire les messages inscrits dans les ailes d'un papillon.

Ce langage n'est pas perdu. Il sommeille.

Dans ton souffle.
Dans ton regard quand tu marches dans la forêt.
Dans le frisson qui te traverse quand quelque chose résonne.

Si tu tends l'oreille...
le monde vivant te répondra.

Tu n'as qu'à écouter.
Écouter vraiment.

Car ceux qui écoutent avec leur cœur
se connectent naturellement à leur grandeur. »

Murmures de la forêt

Les nombres aussi peuvent cacher des messages...

Enigme 1 : Quel mot dévoile ce code ?

13 –5 –18 –3 –9

____

Maintenant que tu as compris le principe…

sauras-tu découvrir le message caché ?

Énigme 2 : Quel message se cache ici ?

3 – 5 -14 – 5 – 19 – 20 -17 – 21 – 5 12 – 5 -4 – 5 – 2 – 21 – 20

4 – 5 -12 - 1 – 22 – 5 – 14 – 20 – 21 – 18 – 5

____

____

A B C D E F G H I J K L M N O P Q R S T U V W X Y Z

Une chanson, une graine semée

Tu viens de refermer ce livre. Et peut-être, comme Luka, sens-tu encore vibrer en toi quelque chose de plus vaste, de plus vivant.

Cette histoire est née d'une graine semée il y a longtemps dans le cœur d'une enfant. Cette enfant, c'était moi.

Un jour, une chanson est entrée dans ma vie. Elle était touchante et bouleversante. Elle parlait de lien, de nature, de perte... et d'impuissance.

Ce livre est, à sa manière, une réponse. Un écho lumineux à ce chant d'enfance. Là où il y avait l'impuissance et la douleur, j'ai voulu planter une graine d'espoir, de reconnexion et de présence. J'ai voulu y offrir une voix à l'enfant, à la nature, à la vie.

Et maintenant, toi aussi, tu en fais partie. Car chaque lecture, chaque cœur touché, chaque petite action posée fait grandir quelque chose de vivant.

Alors merci d'avoir cheminé aux côtés de Luka. Merci d'avoir écouté, ressenti, rêvé. Et si un jour tu entends, toi aussi, le murmure de la nature... écoute-le précieusement. Peut-être te racontera-t-elle, à sa façon, la suite de cette histoire...

Si tu as envie de découvrir quelle est cette chanson, tu peux en savoir plus sur l'histoire derrière l'histoire de Luka et la Sagesse du Vieux Chêne en visitant **BloomAndRiseCreation.com**

Au plaisir de partager cette histoire et cette chanson avec toi !

Note au lecteur

Chère lectrice, cher lecteur,

Tu viens de parcourir, aux côtés de Luka, une journée un peu magique, parsemée de découvertes étonnantes.

Peut-être t'es-tu reconnu à certains moments... ou peut-être pas. Et tout est parfait ainsi.

Ce premier tome est une invitation à ralentir, à observer, à ressentir, et à découvrir qu'il existe parfois bien plus de réponses autour de nous — et en nous — qu'on ne le croit.

Cette histoire fait maintenant partie de toi. Que tu y reviennes pour relire un passage, dessiner une page de carnet ou simplement te souvenir d'un instant... sache que chaque aventure vécue avec le cœur laisse une trace douce et vivante.

Merci d'avoir marché ce chemin avec nous.

Luka t'attend pour la suite.

Et la forêt aussi.

Dans le tome 2, une nouvelle aventure attend Luka.

Une aventure qu'il ne vivra pas seul...

Hâte de t'y retrouver.

Proposition – Parents / Écoles

Aux parents, enseignants et accompagnateurs, merci d'avoir proposé cette lecture à un enfant ou à un groupe de jeunes.

Luka et la sagesse du Vieux Chêne a été pensé comme un support d'exploration intérieure et de dialogue, invitant les enfants à développer leur conscience de soi, leur lien aux autres et leur connexion au vivant à travers une histoire inspirante et accessible.

Si ce livre a ouvert des discussions, suscité des questions ou nourri des réflexions, vos impressions sont précieuses.

Partager un commentaire ou un retour d'expérience permet de soutenir ce projet et d'enrichir son cheminement. Vous pouvez laisser votre avis sur la plateforme où le livre a été acheté ou directement sur le site : **BloomAndRiseCreation.com**

Un guide d'accompagnement destiné aux parents et aux enseignants est actuellement en cours de création afin de prolonger l'expérience de lecture par des pistes de discussion et des activités adaptées.

Merci de faire vivre cet univers auprès des jeunes.

Et peut-être… à bientôt, pour la suite du chemin.

Emma Dominique

Autrice de Luka et la sagesse du vieux chêne

Notes personelles

Notes personelles

www.ingramcontent.com/pod-product-compliance
Lightning Source LLC
LaVergne TN
LVHW010918110826
845149LV00013B/2406

9782982469105